www.tredition.de

www.tredition.de

Verlag und Druck: tredition GmbH, Grindelallee 188, 20144 Hamburg

ISBN
Paperback: 978-3-7439-2673-8
Hardcover: 978-3-7439-1862-7

Titelbilder: Michael Mast & Franz Kwasibroch, Privatbesitz: Frau Linda Uklan, Denkmal & Alois Fulneczek: Sammlung Sahin Aydin, Umschlagrückseite: Sven Kaiser

Sahin Aydin

Warten auf Gerechtigkeit

Das Denkmal und die Gräber der Revolutionäre auf
dem Westfriedhof in Bottrop

Inhaltsverzeichnis

Der Quader: „Wir kämpften für die Freiheit des Proletariats“
(8) Quelle: Wolfgang Siepmann

Vorwort

von Dr. Peter Berens

Mit seinem Buch „Warten auf Gerechtigkeit" schafft es Şahin Aydın wie schon im Fall von Alois Fulneczek mehr und mehr, die Lücke in der Forschung über die nach der Niederschlagung des Kapp-Putsches 1920 in Bottrop ermordeten Bergarbeiter zu schließen. Im offiziellen Gedenken an die revolutionäre Phase der Weimarer Republik 1918-1923 wurde der monarchistischen Soldateska gedacht, die gegen die sich radikalisierende Arbeiterschaft im Ruhrgebiet vorging. Şahin Aydın gibt nicht eine „Neutralität" vor, die über den Ereignissen der damaligen Zeit schwebt. Er bezieht Position für die ermordeten Bergarbeiter. Aber er schafft es in mühevoller Kleinarbeit, viele bisher unbekannte Details über die damaligen Ereignisse und ihre Akteure ans Licht zu bringen und zu belegen. Ohne seine Forschung wäre die auch von der linken Bewegung vernachlässigte Geschichte der revolutionären ArbeiterInnen in Bottrop fast in Vergessenheit geraten. Şahin Aydıns Arbeit sollte der Anstoß für die Bildung einer Historikerkommission des Ruhrgebiets zur Erforschung der Opfer des Kapp-Putsches sein.

Oberhausen, 20. Juli 2017

Teil 1 Die 1920 in Bottrop ermordeten Arbeiter

1.1 Der „Friedhof der Märzgefallenen" auf dem Westfriedhof in Bottrop

Die Gräber und das Denkmal auf dem „Friedhof der Märzgefallenen" wurden am 30.04.1922 von der Kommunistischen Partei Deutschlands (KPD) für die revolutionären Opfer errichtet, die nach der erfolgreichen Niederschlagung des Kapp-Putsches von dem Freikorps Löwenfeld zwischen dem 3. April und dem 18. Mai 1920 in Bottrop umgebracht worden waren. Das sind weit mehr, als bisher angenommen.

Über die Höhe der Todesopfer gibt es unterschiedliche Angaben. Allein in den Leichenhallen des St.-Marienkrankenhauses in Bottrop, des Boyer und des Eigener Friedhofs lagen 53 Tote[1]. Die amtliche Totenliste, die 56 Personen umfasste, enthielt nur Tote, die identifiziert werden konnten. Auch in dieser Hinsicht war sie nicht vollständig. Dabei wurde ausdrücklich vermerkt, dass nicht mehr festzustellen sei, wer am Kampf beteiligt gewesen war und wer nicht. Das Freikorps Löwenfeld hatte 21 Tote[2].

---

1 Hans Spethmann: Zwölf Jahre Ruhrbergbau. Aufstand und Ausstand vor und nach dem Kapp-Putsch bis zur Ruhrbesetzung, Bd. 2, Berlin 1928. S. 233.

2 Erhard Lucas: Märzrevolution 1920. Die Niederlage, Bd. 3, Frankfurt/M. 1978, S. 316 (im Folgenden: Lucas: Die Niederlage.

„Amtliche Totenliste aus der Bottroper Volkszeitung:

1. Bergmann Wilhelm Riemann aus Hannover, Bottrop, Liebrechtstr. 41

2. Bergmann Heinrich Riemann aus Hannover, Bottrop, Liebrechtstr. 41

3. Bergmann Franz Olenik, Bottrop, Nordring 121

4. Bergmann Josef Soyka, Bottrop, Drehstr. 77

5. Lehrhauer Franz Perk, Bottrop, Scharnhölzstr.

6. Zimmerpolier Adolf Weber, Bottrop, Jägerstr. 7

7. Bergmann Willy Schulz, Bottrop, Lohstr. 83

8. Bergmann Johann Wilhelm, Bottrop, Scharnhölzstr. 136

9. Zechenarbeiter Wilhelm Finke. Bottrop, Schanzstr. 2

10. Bergmann Karl Kuhnke, Holtfortstr. 67

11. Bergmann Joh. Suchodolski, Bottrop, Sydowstr. 65

12. Bergmann Josef Mikoleischak, Bottrop, Scharnhölzstr. 114

13. Bergmann Gustaf Heimpel, Bottrop, Raiffeisenstr.

14. Bergmann August Schubert, Bottrop, Gladbecker Str.

15. Bergmann Franz Müller, Bottrop, Overbeckstr. 48

16. Bergmann Johann Gertig, Bottrop, Gladbecker Str. 60

17. Zimmermann Friedrich Kleine, Bottrop, Bülowstr. 7

18. Bergmann Paul Pachur, Bottrop, Hohlstr. 2

19. Bergmann Konrad Haseler, Dellwig

20. Schmiedelehrling Heinrich Palik, Bottrop, Prosperstr. 455

21. Bergmann Bernhard Rogge, Bottrop, Fuhlenbrockstr. 85

22. Bergmann Peter Plum, Ledigenheim Fortsetzung

23. Bergmann Fritz Kerschon, Bottrop, Aegidistr.

24. Bergmann Johann Marzinkoski, Bottrop, Prosperstr. 187

25. Viktor Dudek, Ledigenheim Fortsetzung

26. Paul Frybischi, Ledigenheim Fortsetzung

27. Bergmann Hubert Mawe, Borbeck

28. Arbeiter Josef Reichert, Ostring bei Klossok

29. Stanislaus Markowski,

30. Bergmann Hermann Hermes, Kirchhellen

31. Bergmann Johann Stremmer, Kirchhellen

32. Bergmann Bernhard Bußeer, Kirchhellen

33. Bergmann Heinrich van Bracht, Kirchhellen

34. Bergmann Theodor Champiel, Bottrop, Brüggestr. 20

35. Christine Heute, Bottrop, Overbeckstr. 3

36. Maschinist Leopold Sittek, Bottrop, Gungstr. 68

37. Gertrud Kusenberg, Bottrop, Bogenstr. 19

38. Ehefrau Bergmann, Karl, Heinrich Hartmann, Bottrop

39. Stuckateur Alberto, Jose Lippert, Bottrop, Kösterstr. 3

40. Bergmann Wladislaus Bulla, Bottrop, Essener Str. 102

41. Bergmann Ignatz Lusiak, Bottrop, Gladbecker Str. 380 ?

42. Bergmann Wilhelm Ordowski, Bottrop, Westring

43. Rangiermeister Wilhelm-Alfons Salzmann, Bottrop, Gladbecker Str. 152

44. Hans Ziemke aus Hamburg, Bottrop, Bülowstr. 7

45. Bergmann Friedrich Wolf, Bottrop, Eichenstr.

46. Bergmann Adam Krokowski, Bottrop, Schlangenstr. 54

47. Bergmann Albert Langenfeld, Bottrop, Kirchhellener Str. 309

48. Bergmann Peter Reinken, Borbeck, Spielstr. 8

49. Bergmann Adolf Heinemann, Bottrop, Overbeckstr.

50. Bergmann Johann Wittkopp, Bottrop, Kirchhellener Str.

51. Bergmann Johann Mysliewiß, Bottrop, Bruderstr. 4

52. August Junker, Bergeborbeck, Sturmshof 160

53. Bergmann Oswald Riedel, Bottrop-Boy, Am Kämpchen

54. Bergmann Walter Steiner, Bottrop, Steinstr. 30

55. Otto Nelle, Ledigenheim, Prosper 3

56. Bergmann Rob. Milotta, Bottrop, Waldhausenstr. 30

Unter diesen Toten befinden sich fünf Angehörige der Reichswehr [3].

---

3 Bottroper Volkszeitung, 10. Jahrgang (Jg.), Nr.71, Bottrop 07.04.1920,S. 2.

Eine im Jahre 2010 zusammengestellte Totenliste enthält 79 Namen[4]. Durch meine Recherchen habe ich eine erheblich größere Zahl von Personen herausgefunden, die in der Zeit vom 3. April bis zum 18. Mai 1920 vom Freikorps Löwenfeld ermordet wurden. Ich gehe von insgesamt 257 ermordeten ArbeiterInnen in Bottrop aus, wie sich aus den unterschiedlichen Quellen ergibt[5]. Einige von ihnen kamen aus Osterfeld, Sterkrade und Borbeck, Essen.

---

4 WAZ-Bottrop, o. J., Nr. 49, Essen 02.05.1970, S. 4.

5 Amtliche Totenliste aus der Bottroper Volkszeitung; Stadtarchiv Bottrop, Sterberegister (Haupt-Register) 1920, Nr.992 bis 1305; Vor- und Zunamen der Toten (Arbeiter der Märzrevolution 1920), in: WAZ-Bottrop, o. J., Nr.49, Essen 02.05.1970, S.4; Die Totenliste der Märzgefallenen, in: Gleising/Pfromm: Kapp-Putsch, Bd. 3, Bochum 2010, S.11 f.; Stadtarchiv Bottrop, Meldekartei der Gemeinde Bottrop; Stadtarchiv Bottrop, Sterberegister (Haupt-Register) 1920, Nr. 992 bis 1305; Bundesarchiv-Militärarchiv-Stadt Freiburg, Bestand RM 122/107; Josef Ernst, Kapp-Tage im Industriegebiet, Hagen 1921; Lucas: Die Niederlage, S. 367 f.

Das Sturmbataillon der 3. Marine-Brigade von Loewenfeld besetzt das Bottroper Rathaus. Das Foto wurde am
3. April 1920 aufgenommen.

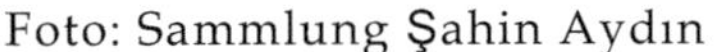

Foto: Sammlung Şahin Aydın

Nr.	Name	Vorname	Alter	Beruf	Adresse	Politisch	Quelle
1.	Adolf	Heinz	24	Bergmann,	BOT, Gladbeckerstr. 416	Rote Ruhrarmee[1]	Militärarchiv Freiburg
2.	Anlauf	Paul Alfons	28	Bergmann			Sterberegister Nr. 694
3.	Alwis	Max		Bergmann	BOT, Nordring 28		Militärarchiv Freiburg
4.	Angemeer	Josef Johann	17	Bergmann	BOT, Hochstr. 23		Sterberegister Nr. 739
5.	Aldenkotf	Johann	19	Fabrikarb.	BOT, Fingstenstr. 7		Sterberegister Nr. 655
6.	Bachhofner	Josef		Bergmann	BOT, Ledigenheim Rheinbaben	Rote Ruhrarmee	Militärarchiv Freiburg
7.	Bänder	Franz	32		BOT		Sterberegister Nr. 693
8.	Bäuerle	Friedrich		Bergmann	BOT, Ledigenheim Rheinbaben	Rote Ruhrarmee	Militärarchiv Freiburg
9.	Bachhofner	Josef		Bergmann	BOT, Ledigenheim Rheinbaben	Rote Ruhrarmee	Militärarchiv Freiburg
10.	Barb	Georg		Bergmann	BOT, Ledigenheim Rheinbaben	Rote Ruhrarmee	Militärarchiv Freiburg
11.	Baraniak	Kurt		Bergmann		Rote Ruhrarmee	Militärarchiv Freiburg
12.	Baruche	Bruno		Bergmann	BOT, Weckelstr. 21	RRA/KPD	Militärarchiv Freiburg
13.	Barfmann	Gerd		Bergmann	BOT, Ledigenheim Morianstr. 21		Sterberegister Nr. 551
14.	Beckfeld			Bergmann	BOT		
15.	Beumle	Erich		Bergmann	BOT, Ledigenheim Rheinbaben	Rote Ruhrarmee	Militärarchiv Freiburg
16.	Behling			Bergmann	BOT	Rote Ruhrarmee	Militärarchiv Freiburg
17.	Biemke	Hans			BOT		Militärarchiv Freiburg
18.	Bießmann	Matthias,			BOT, Ostring 44	Sterbereg. Nr. 611	Militärarchiv Freiburg
19.	Bilazek	Max		Bergmann	BOT, Ottostr. 13	Rote Ruhrarmee	Militärarchiv Freiburg
20.	Blairath	Johann		Bergmann	BOT, Eickoltstr. 6	Rote Ruhrarmee	Militärarchiv Freiburg
21.	Blankert	Karl		Bergmann	BOT		Militärarchiv Freiburg
22.	Bode	Gustaf	19	Schmidt	BOT, Ledigenheim Morianstr. 21		Sterberegister Nr. 541
23.	Borecki	Czeslaus	32	Schlosser	BOT, Weckelstr. 21	RRA, KPD	Sterberegister Nr. 671
24.	Borowiak	Kurt		Bergmann	BOT, Oberstraße 27	Rote Ruhrarmee	Militärarchiv Freiburg
25.	Bornemann	Willi			BOT		Militärarchiv Freiburg
26.	Brachmann	Emil,	66		BOT, Kirchhellenerstr. 147		Sterberegister Nr. 562
27.	Brachmann	Katharina	61		BOT, Kirchhellenerstr. 147		Sterberegister Nr. 563
28.	Brodowsky	Wazla,	25	Bergmann	BOT, Eichenstr. 73	Rote Ruhrarmee	Meldekarte, MAr. Fbg.

[1] Abkürzungen: Rote Ruhr Armee (RRA), Sterberegister (Strg.), Meldekarte (MK), Militärarchiv (MAr.), Freiburg (Fbg.), Standesamt (St.)

No.	Name	Vorname	Alter	Beruf	Ort/Adresse	Organisation	Quelle
29.	Bronowski	Max		Bergmann	BOT, Ledigenheim Rheinbaben	Rote Ruhrarmee	Militärarchiv Freiburg
30.	Brömann	Jakob		Bergmann	BOT, Ledigenheim Rheinbaben	Rote Ruhrarmee	Militärarchiv Freiburg
31.	Bulla	Wladislaus	27	Bergmann	BOT, Essenerstr. 102		Sterberegister Nr. 573
32.	Bußler	Landfort		Bergmann	Kirchhellen,		Sterberegister Nr. 593
33.	Bußeer	Bernhard		Bergmann	Kirchhellen		
34.	Camerzell	Hermann	20	Maschinis	Sonnebeck-Landkreis Essen		Sterberegister Nr. 841
35.	Carus	Bosmin	19	Arbeiter	BOT, Ledigenheim Morianstr. 21		Meldekarte/ Strg. Nr. 546
36.	Champiel	Theodor	38	Bergmann	BOT, Brüggestr. 20	KPD/USPD/Union	Sterberegister Nr. 565
37.	Darstein	Heinrich,	27	Bergmann	BOT, Schulstr. 7	Rote Ruhrarmee	Meldekarte/MAr. Fbg.
38.	Daumann	Richard Paul	20	Bergmann	BOT, Ledigenheim Morianstr. 21		Militärarchiv Freiburg
39.	Derengowski	Josef	22	Bergmann	BOT		Militärarchiv Freiburg
40.	Delugal	Anton		Bergmann	BOT		Militärarchiv Freiburg
41.	Dudek	Viktor		Bergmann	Wilhelmsthal Oberschlesien		Sterberegister Nr. 601
42.	Dziuk			Bergmann	BOT, Horsterstr. 466	Rote Ruhrarmee	Militärarchiv Freiburg
43.	Ehrenfeld	Peter		Bergmann	BOT, Liebrechtstr. 23	Rote Ruhrarmee	Militärarchiv Freiburg
44.	Feemer	Heinrich		Bergmann	BOT, Ledigenheim Prosper III	Rote Ruhrarmee	Militärarchiv Freiburg
45.	Ferber	Anton		Bergmann	BOT, Hohlstr. 57		Militärarchiv Freiburg
46.	Fees	Rudolf		Bergmann	BOT, Ostring 138	Rote Ruhrarmee	Militärarchiv Freiburg
47.	Feser	Max		Bergmann	BOT, Liebrechtstr. 21	Rote Ruhrarmee	Militärarchiv Freiburg
48.	Filgen	Kurt	17	Arbeiter	BOT, Ledigenheim Morianstr. 21		Sterberegister Nr. 549
49.	Finke	Wilhelm	44	Arbeiter	BOT, Schanzstr. 2		Sterberegister Nr. 576
50.	Fockenberg	Wilhelm		Arbeiter	Kirchhellen	SPD ?	
51.	Funke	Karl		Bergmann	BOT, Ledigenheim.	Rote Ruhrarmee	Militärarchiv Freiburg
52.	Frybischi	Paul	18	Bergmann	Wilhelmsthal Oberschlesien		Sterberegister Nr. 602
53.	Gertig	Johann	37	Bergmann	BOT, Gladbecker Str. 60,	KPD/USPD	Meldekarte/ Strg. Nr. 564
54.	Gerulat	Otto		Bergmann	BOT, Im Sundern 16,	Rote Ruhrarmee	Militärarchiv Freiburg
55.	Gerulat	Karl		Bergmann	BOT, Im Sundern 16	Rote Ruhrarmee	Militärarchiv Freiburg
56.	Geldner	Franz	45	Bergmann	BOT, Gladbeckerstraße 389		Sterberegister Nr. 723
57.	Gleisberg	Wilhelm	27	Arbeiter	BOT, Ledigenheim Rheinbaben		Meldekarte/MAr. Fbg.
58.	Görl	Franz		Bergman	BOT, Ledigenheim Rheinbaben	Rote Ruhrarmee	Militärarchiv Freiburg
59.	Granek	Wilhelm	31	Bergmann	Osterfeld	Rote Ruhrarmee	Strg. Nr. 536/MAr. Fbg.
60.	Granitzniy	Paul	23	Schlosser	BOT, Aegidistr. 70		MK/Strg. Nr. 682, MAr. Fbg.

Nr.	Name	Vorname	Alter	Beruf	Ort/Adresse	Organisation	Quelle
61.	Gurka	Josef		Bergmann		Rote Ruhrarmee	Militärarchiv Freiburg
62.	Gröber	Franz		Bergmann	BOT, Ledigenheim Rheinbaben	Rote Ruhrarmee	Militärarchiv Freiburg
63.	Grüner	Viktor		Bergmann	BOT, Beckstr. 34	Rote Ruhrarmee	Militärarchiv Freiburg
64.	Hartmann	Katharine	38	Botin	BOT, Gladbeckerstraße 210		Meldekarte/Strg. Nr. 560
65.	Häseler	Konrad	24	Bergmann	Dellwig (Essen)		Sterberegister Nr. 609
66.	Heimann	Adolf	20	Bergmann	BOT, Overbeckstr. 50	KPD/USPD	Meldekarte/Strg. Nr. 581
67.	Heimpel	Kurt Gustav	23	Bergmann	BOT, Raiffeisenstraße 36		MK/St. Kirchhellen/Strg. 25
68.	Heisle	Karl		Bergmann	BOT, Maxstr.	Rote Ruhrarmee?	Militärarchiv Freiburg
69.	Hermes	Hermann	30	Bergmann	Kirchhellen		Sterberegister Nr. 568
70.	Heuring	Karl Gustav			BOT, Nordring 83	Rote Ruhrarmee	Meldekarte/ MAr. Fbg71
71.	Heute	Elfriede Chr.	14		BOT, Overbeckstraße 3		Meldekarte/ Strg. Nr. 595
72.	Heurer			Bergmann	BOT, Westring 86		Militärarchiv Freiburg
73.	Hopken (Brüder)			Bergmann	BOT, Sterkraderstr.	Rote Ruhrarmee	Militärarchiv Freiburg
74.	Hirsek		22	Arbeiter	BOT, Ledigenheim Morianstr. 21		Sterberegister Nr. 547
75.	Hirsch	Eduard	23		BOT, Ledigenheim Morianstr. 21		Meldekarte
76.	Junkhändel	Arno			BOT, Aspelstr. 29	Rote Ruhrarmee	Militärarchiv Freiburg
77.	Junker	August			Bergeborbeck, Sturmshof 160		Militärarchiv Freiburg
78.	Just	Johann	20	Bergmann	Buer-Beckhausen	Rote Ruhrarmee	Strg. Nr. 555/MAr. Fbg.
79.	Jost	Peter		Bergmann	BOT, Mödderichtr. 16		Militärarchiv Freiburg
80.	Kaczmarek	Leo		Bergmann	BOT, Horsterstr. 37a	Rote Ruhrarmee	Militärarchiv Freiburg
81.	Kaiser	Johann		Bergmann	BOT, Osterfelderstr. 74	Rote Ruhrarmee	Militärarchiv Freiburg
82.	Kadatz	Johann	28	Arbeiter	BOT, Ledigenheim Morianstr. 21		Sterberegister Nr. 539
83.	Kaminsky (Brüder)				BOT, Im Sundern 19	Rote Ruhrarmee	Militärarchiv Freiburg
84.	Kaminsky	Olga			BOT, Im Sundern 19	Rote Ruhrarmee	Militärarchiv Freiburg
85.	Kerschon	Friedrich	39	Bergmann	BOT, Aegidistr. 132		Meldekarte/Strg. Nr. 591
86.	Keinken	Peter	31	Bergmann	Essen-Borbeck		Sterberegister Nr. 628
87.	Kiehne	Heinrich		Bergmann	BOT, Ledigenheim Arenberg-Fort.	Rote Ruhrarmee	Militärarchiv Freiburg
88.	Klein	Friedrich		Arbeiter			Sterberegister Nr. 607
89.	Kleine	Friedrich	51	Zimmermann	BOT, Linbruchstr. 7		Meldekarte/Strg. Nr. 590
90.	Knitza	Emil		Bergmann	BOT, Brugstr. 20		Militärarchiv Freiburg
91.	König	Robert	24	Arbeiter	BOT, Ledigenheim Morianstr. 21		Meldekarte/Strg. Nr. 552
92.	Kolberg	Max		Bergmann	BOT, Ledigenheim Rheinbaben	Rote Ruhrarmee	Militärarchiv Freiburg

Nr.	Name	Vorname	Alter	Beruf	Ort/Adresse	Zugehörigkeit	Quelle
93.	Kollenz	Max			BOT, Ledigenheim Rheinbaben	Rote Ruhrarmee ?	Militärarchiv Freiburg
94.	Kubeck	Carl		Bergmann	BOT, Marienstr. 35	Rote Ruhrarmee	Militärarchiv Freiburg
95.	Krakowczyk	Kurt		Rangierer	BOT, Mirkstraße 53	Rote Ruhrarmee	Militärarchiv Freiburg
96.	Krawatzki	August		Bergmann	BOT, Mödderichstraße 18	RRA/KPD	Militärarchiv Freiburg
97.	Krokowski	Adam	51	Bergmann	BOT, Schlangenstr. 54		Sterberegister Nr. 579
98.	Kubeck	Carl			BOT, Marienstr. 35		
99.	Kuhnke	Karl	45	Maurer	BOT, Holtfortstr. 67	KPD/USPD	Meldekarte/Strg. Nr. 571
100.	Kuhnert			Bergmann	BOT, Brömerstr.		Militärarchiv Freiburg
101.	Kühnel	Lina			BOT, Vienckenstr. 25	Rote Ruhrarmee	Militärarchiv Freiburg
102.	Kusenberg	Gertrud	40		BOT, Bogenstr. 19		Meldekarte/Strg. Nr. 574
103.	Kupetz	Viktor		Bergmann	BOT, Aegidistr. 11	Rote Ruhrarmee	Militärarchiv Freiburg
104.	Kuzwarek	Stanislaus		Bergmann	BOT, Fuhlenbrock		Militärarchiv Freiburg
105.	Langenfeld	Albert Georg	18	Bergmann	BOT, Kirchhellenerstr. 309	USPD/KPD	Meldekarte/ Strg. Nr. 567
106.	Lapisch	Konstantin		Bergmann	BOT, Südring 60	Rote Ruhrarmee	Militärarchiv Freiburg
107.	Lehmann	Robert		Bergmann	BOT, Ledigenheim Rheinbaben	Rote Ruhrarmee	Militärarchiv Freiburg
108.	Lehr	Adalbert			BOT, Ledigenheim Rheinbaben	Rote Ruhrarmee	Militärarchiv Freiburg
109.	Lemke	Franz	21	Arbeiter	BOT, Ledigenheim Morianstr. 21		Meldekarte/Strg. Nr. 544
110.	Liemke	Hans	18	Zimmermann	BOT, Bülowstr. 7		Sterberegister Nr. 583
111.	Libzitzki	Friedrich	23	Bergmann	BOT, Holtfortstr. 1		Meldekarte
112.	Lierenfeld	Jakob		Bergmann	Borbeck, Lewinstr. 155	Rote Ruhrarmee	Militärarchiv Freiburg
113.	Lippert	Alberto Jose	24	Stuckateur	BOT, Kösterstr. 3	KPD/USPD	Meldekarte/ Strg. Nr. 593
114.	Littawe	Hubert	39	Arbeiter	Essen-Borbeck		Sterberegister Nr. 663
115.	Lüning	Ernst	49	Maurer	BOT, Schützenstr. 51		Sterberegister Nr. 626
116.	Lusiak	Ignatz	21	Bergmann	BOT, Gladbeckerstr. 38		Meldekarte/Strg. Nr. 572
117.	Meinka	Josef		Bergmann	BOT, Westring 33	Rote Ruhrarmee	Meldekarte/MA Freiburg
118.	Mans	Hermann	37	Händler	Essen, Hammerstr. 24		Sterberegister Nr.: 928
119.	Maar	Kaspar		Bergmann	BOT, Ledigenheim Rheinbaben	Rote Ruhrarmee	Militärarchiv Freiburg
120.	Maar	Ludger		Bergmann	BOT, Ledigenheim Rheinbaben	Rote Ruhrarmee	Militärarchiv Freiburg
121.	Maurer	Maximilian	24	Str.bahner	Essen, Rankestraße 26		Sterberegister Nr. 649
122.	Meurer				BOT, Westring 86		Militärarchiv Freiburg
123.	Macht	Roman		Bergmann	BOT, Ledigenheim Rheinbaben,	Rote Ruhrarmee	Militärarchiv Freiburg
124.	Makowiak	Franz		Bergmann	BOT, Liebrechtstr. 22		Militärarchiv Freiburg

Nr.	Name	Vorname	Alter	Beruf	Ort	Organisation	Quelle
125.	Markowski	August					Militärarchiv Freiburg
126.	Markowski	Stanislaus		Bergmann	BOT, Ostring,		Sterberegister Nr. 604
127.	Marzinkowski	Johann	20	Bergmann	BOT, Prosperstr. 187		Sterberegister Nr. 598
128.	Mawe	Hubert		Bergmann	Borbeck-Essen		Sterberegister Nr. 600
129.	Meile	Otto					Militärarchiv Freiburg
130.	Meinka	Josef	23	Bergmann	BOT, Westring	RRA/USPD	Meldekarte
131.	Mikolajek[2]	Josef	21	Bergmann	BOT, Scharnhölzstr. 114		Sterberegister Nr. 587
132.	Milotta	Robert	25	Bergmann	BOT, Waldhausenstr. 30		Meldekarte/Strg. Nr. 586
133.	Niemann	Wilhelm	22	Bergmann	BOT, Liebrechtstraße 41		Meldekarte/Strg. Nr. 569
134.	Mucha	Bergmann			BOT, Prosperstr. 104	Rote Ruhrarmee	
135.	Müller	Franz	17	Bergmann	BOT, Overbeckstr. 48		Sterberegister Nr. 582
136.	Myslewiec	Franz		Bergmann	BOT, Bülowstr. 4	KPD/USPD	Sterberegister Nr. 580
137.	Nadolski	Franz	17	Bergmann	BOT, Ostring 131		Meldekarte /Strg. Nr. 773
138.	Nalik	Joseph			BOT	Rote Ruhrarmee	
139.	Naumann	Paul	19	Arbeiter	BOT, Ledigenheim Morianstr. 21		Meldekarte/Strg. Nr. 543
140.	Neu	Erich			BOT	Rote Ruhrarmee	
141.	Nelle	Otto	22	Arbeiter	BOT, Ledigenheim Prosper III		Meldekarte/Strg. Nr. 566
142.	Niedwitz	Johann		Bergmann	BOT, Scharnhölzstr. 86 b	Rote Ruhrarmee	Militärarchiv Freiburg
143.	Niemann	Wilhelm	22	Arbeiter	BOT, Liebrechtstr. 41		Meldekarte/Strg. Nr. 569
144.	Noczka	Johann		Bergmann	BOT, Westring Rote Armee		Militärarchiv Freiburg
145.	Oleniczak			Bergmann	BOT, Gungstr.,	Rote Ruhrarmee	Militärarchiv Freiburg
146.	Oleynik	Franz	31	Bergmann	BOT, Nordring 121	RRA, KPD/USPD	Sterberegister Nr. 561
147.	Ordowski	Gottfried W.	19	Bergmann	BOT, Westring 31	KPD/USPD	Meldekarte/Strg. Nr. 559
148.	Pachur	Paul	22	Bergmann	BOT, Roberstr. 2		Sterberegister Nr.: 575
149.	Palik	Heinrich	16	Lehrling	BOT, Prosperstr. 455		Meldekarte/Strg. Nr. 597
150.	Parstein	Kurt		Bergmann	BOT, Ledigenheim Rheinbaben	Rote Ruhrarmee	Militärarchiv Freiburg
151.	Pellendun	Richard	34	Bergmann	BOT, Täglichbeckstraße 15	Rote Ruhrarmee	Vollzugsrat, MK/MAr. Fbg.
152.	Pentock	Fritz	19	Bergmann	Essen- Borbeck,		Sterberegister Nr. 534
153.	Perk	Franz	23	Lehrhauer	BOT, Scheierstr. 54		Meldekarte/Strg. Nr. 557
154.	Peters	Wilhelm	22	Arbeiter	BOT, Ledigenheim Rheinbaben	Rote Ruhrarmee	Meldekarte/ Mar. Freiburg

---

[2] Mikoleischak

155.	Pietrowiak	Ignatz		Bergmann	BOT, Sydowstr. 46		Militärarchiv Freiburg
156.	Plum	Peter		Bergmann	BOT, Ledigenheim Fortsetzung		Sterberegister Nr. 605
157.	Pollock	Bergmann			BOT, Heidhofstr. 5	Rote Ruhrarmee	Militärarchiv Freiburg
158.	Porstein	Kurt		Bergmann	BOT, Ledigenheim Rheinbaben	Rote Ruhrarmee	Militärarchiv Freiburg
159.	Portner	Hans	19		BOT, Ledigenheim Morianstr 21		Meldekarte/Strg. Nr. 553
160.	Raumann	Ricard Paul	19	Arbeiter	BOT, Ledigenheim Morianstr. 21		Meldekarte
161.	Radak	Johann	29	Arbeiter	BOT, Ledigenheim Morianstr. 21		Meldekarte/Strg. Nr. 539
162.	Reichert	Josef		Arbeiter	BOT, Ostring		Sterberegister Nr. 603
163.	Reifenbach	Hermann		Bergmann	BOT, Ledigenheim Rheinbaben	Rote Ruhrarmee	Militärarchiv Freiburg
164.	Reinick	Josef		Bergmann	BOT, Ledigenheim Rheinbaben	Rote Ruhrarmee	Militärarchiv Freiburg
165.	Reinke	Wilhelm	24	Arbeiter	BOT, Ledigenheim Rheinbaben	Rote Ruhrarmee	Meldekarte/MAr. Freiburg
166.	Reinken	Peter	31	Bergmann	Borbeck-Essen, Spielstr. 8		Sterberegister Nr. 628
167.	Reu	Erich	20		BOT, Lobstraße 33	Rote Ruhrarmee	Meldekarte
168.	Richter	Paul	28		Kirchhellen, Kirchstraße 19		Sterberegister Nr. 23[3]
169.	Riedel	Oswald	43	Bergmann	BOT, Am Kämpchen		Sterberegister Nr. 599
170.	Riemann	Heinrich	22	Bergmann	BOT, Liebrechtstr.41		Sterberegister Nr. 570
171.	Roer	August		Bergmann	BOT, Ledigenheim Rheinbaben	Rote Ruhrarmee	Militärarchiv Freiburg
172.	Rocher	Bernhard	56		BOT		Militärarchiv Freiburg
173.	Röhr	August		Bergmann	BOT, Ledigenheim Rheinbaben	Rote Ruhrarmee	Militärarchiv Freiburg
174.	Röhrig	Friedrich		Bergmann	BOT, Ledigenheim Morianstraße	Rote Ruhrarmee	Militärarchiv Freiburg
175.	Rogge	Bernhard	49	Bergmann	BOT, Fuhlenbrockstr. 85		Sterberegister Nr. 588
176.	Rose	Heinrich		Bergmann	BOT, Westring 35	Rote Ruhrarmee	Militärarchiv Freiburg
177.	Rossa	Rochus	39		BOT, Blankenstr. 19	Zentrum ?	Sterberegister Nr. 667
178.	Rother	Karl		Bergmann	BOT, Ledigenheim Rheinbaben	Rote Ruhrarmee	Militärarchiv Freiburg
179.	Rozek	Wenzel	17	Arbeiter	BOT, Vienkenstr. 8		Militärarchiv Freiburg
180.	Rudzewski			Bergmann		Rote Ruhrarmee	Militärarchiv Freiburg
181.	Runke	Kurt		Bergmann	BOT, Ledigenheim Rheinbaben	Rote Ruhrarmee	Militärarchiv Freiburg
182.	Ruhsche	Wilhelm		Bergmann	BOT, Ledigenheim Arenberg-Fort.	Rote Ruhrarmee	Militärarchiv Freiburg
183.	Ruschinski	Josef		Bergmann	BOT, Feldstr. 12	Rote Ruhrarmee	Militärarchiv Freiburg
184.	Salb	Hans			BOT, Ledigenheim Rheinbaben	Rote Ruhrarmee	Militärarchiv Freiburg

Nr.	Name	Vorname	Alter	Beruf	Wohnort	Zugehörigkeit	Quelle
185.	Salzmann	Wilhelm A.	31	Rangiermst.	BOT, Gladbeckerstr. 152	KPD/USPD	Sterberegister Nr. 577[4]
186.	Segner	Julius	21		BOT, Heimatstr. 30		Sterberegister Nr. 617
187.	Schacht	Robert		Bergmann	BOT, Aegidistraße 24		Militärarchiv Freiburg
188.	Schmalbeck	Udo		Bergmann	BOT, Streuwiese 9		Militärarchiv Freiburg
189.	Schmitz	Wilhelm		Bergmann	BOT, Rheinbabenstraße 13	RRA/USPD	Militärarchiv Freiburg
190.	Schmidt	Josef		Bergmann	BOT, Ledigenheim Rheinbaben	Rote Ruhrarmee	Militärarchiv Freiburg
191.	Schmitt	Friedrich	27	Bergmann		Rote Ruhrarmee	MK/ Strg. Nr. 535, MAr. Fbg.
192.	Scholten	Johann	48	Bergmann	BOT, Lindforterstr. 131		Sterberegister Nr. 642
193.	Schubert	August Paul	22	Bergmann	BOT, Gladbecker Straße 392		Meldekarte/ Strg. Nr. 25[5]
194.	Schlienkamp	Wilhelmine	21	Köchin	BOT, Hochstr. 1		Sterberegister 731
195.	Schröpf	Josef		Bergmann	BOT, Ledigenheim Rheinbaben	Rote Ruhrarmee	
196.	Schlöner	Friedrich		Bergmann	BOT, Prosperstr. 99	Rote Ruhrarmee	Militärarchiv Freiburg
197.	Schönfeld	Maschinist					Militärarchiv Freiburg
198.	Schoffer	Rudolf		Bergmann	BOT, Vienkenstr. 43a	Rote Ruhrarmee	Militärarchiv Freiburg
199.	Schröpf	Josef		Bergmann	BOT, Ledigenheim Rheinbaben	Rote Ruhrarmee	Strg. Nr. 618, MAr. Freiburg
200.	Schulz	Willy	18	Bergmann	BOT, Lobstr. 33		Sterberegister Nr. 618
201.	Schulz	August Paul	22	Bergmann	BOT, Gladbeckerstraße 342		Sterberegister Nr. 26[6]
202.	Sedner	Julius Walter	21	Bergmann	BOT, Heimatstraße 30		Sterberegister Nr. 617
203.	Seeback	Peter	34		BOT, Ottostr. 31		Sterberegister Nr. 537
204.	Sierhaus	Wilhelm		Bergmann	BOT, Arenbergerstr. 46	Rote Ruhrarmee	Militärarchiv Freiburg
205.	Sittek	Leopold	21	Maschinist	BOT, Gungstr. 68		Meldekarte/Strg. Nr. 596
206.	Schoffner	Rudolf			BOT, Vienkenstr. 43a	Rote Ruhrarmee	Militärarchiv Freiburg
207.	Soyka	Josef	27	Bergmann	BOT, Drehstr. 77	RRA/KPD/USPD	Strg. Nr. 589, MAr. Freiburg
208.	Stabler	Franz	33	Bergmann	BOT, Feldstr. 28		Sterberegister Nr. 652
209.	Stremmer	Johann	39	Bergmann	BOT, Kirchhellen	SPD ?	Sterberegister Nr. 594
210.	Sohsa	Robert		Bergmann	BOT, Möddericherstr. 12	Rote Ruhrarmee	Militärarchiv Freiburg
211.	Stoklafsa	Franz	55	Bergmann	BOT, Laikstr. 52		Sterberegister Nr. 664
212.	Störer	Emil	22	Arbeiter	BOT, Ledigenheim Morianstr. 21		Sterberegister Nr. 542

---

[4] In der Meldekarte ist nur als Salzmann Alois eingetragen.
[5] Standesamt Kirchhellen
[6] Standesamt Kirchhellen

Nr.	Name	Vorname	Alter	Beruf	Ort	Organisation	Quelle
213.	Steiner	Walter		Bergmann	BOT, Steinstr. 30		Militärarchiv Freiburg
214.	Stein			Steiger	BOT, Paßstr. 34		Militärarchiv Freiburg
215.	Schönfelder			Maschinist		Rote Ruhrarmee	Militärarchiv-Freiburg
216.	Söllner	Willy		Bergman	BOT, Ledigenheim Rheinbaben	Rote Ruhrarmee	Militärarchiv Freiburg
217.	Suchodolski	Johann	19	Bergmann	BOT, Sydowstr. 64	KPD/USPD	Sterberegister Nr. 585
218.	Time	Willi		Bergmann	BOT Ledigenheim Rheinbaben	Rote Ruhrarmee	Militärarchiv Freiburg
219.	Timm	Anton		Bergmann	BOT, Ledigenheim Arenberg-Fort.	Rote Ruhrarmee	Militärarchiv Freiburg
220.	Thiel	Gustav		Bergmann	BOT, Sydowstr. 58		Militärarchiv Freiburg
221.	Tometzek	Johann		Bergmann	BOT, Schantzstraße	Rote Ruhrarmee	Militärarchiv Freiburg
222.	Tombeyl	Franz	57				Meldekarte/Strg. Nr. 556
223.	Töllner	Johann		Maurer	BOT, Hafenkamp 6		Militärarchiv Freiburg
224.	Uebermuth	Christian J.	19	Arbeiter	BOT, Ledigenheim Morianstr. 21		MK/Sterberegister Nr. 548
225.	van Bracht	Heinrich	28	Bergmann	Kirchhellen		Sterberegister Nr. 606
226.	Vester	Johann		Kutscher	BOT		Militärarchiv Freiburg
227.	Valkowsky	Bergmann			BOT, Beckstr. 102	RRA, KPD/USPD	Militärarchiv Freiburg
228.	Verheyen	Wilhelm		Bergmann	Borbeck, Justusstraße	Rote Ruhrarmee	Militärarchiv Freiburg
229.	Wandelt	Wladislaus		Bergmann	BOT, Gladbeckerstr. 390[7]		Militärarchiv Freiburg
230.	Warstein	Heinrich			BOT, Schulstr. 6	Rote Ruhrarmee	Militärarchiv Freiburg
231.	Wawrosik	Josef			BOT		Militärarchiv Freiburg
232.	Weber	Adolf	60	Zimmermann	BOT, Jägerstr. 7		Sterberegister Nr. 584
233.	Venjakob			Steiger	BOT, Prosperstr. 191		
234.	Wenzel	Rozek	17	Bergmann	BOT, Vienkenstr. 8	Rote Ruhrarmee	
235.	Wilms	Johann		Bergmann	BOT, Schulstr. 1	Rote Ruhrarmee	Militärarchiv Freiburg
236.	Wilhelm	Johann		Bergmann	BOT, Scharnhölzstr. 136	KPD/USP	Sterberegister Nr. 558
237.	Winkelmann	Fritz	19	Arbeiter	BOT, Ledigenheim Morianstr. 21		Sterberegister Nr. 540
238.	Wittkopp	Johann		Bergmann			Sterberegister Nr. 608
239.	Wittkowiak	Johann	17	Bergmann	BOT, Kirchhellenerstr. 360		Sterberegister Nr. 699
240.	Woschnik	Rosa			BOT, Nordring ?	Rote Ruhrarmee	Militärarchiv Freiburg
241.	Wohlleben	Georg		Bergmann	BOT, Ledigenheim Rheinbaben	Rote Ruhrarmee	Militärarchiv Freiburg
242.	Wolff	Friedrich	42	Bergmann	BOT, Eichenstraße	KPD/UDSP	MK/Sterberegister Nr. 578

[7] Werbebüro der Roten Ruhrarmee

Nr.	Name	Vorname	Alter	Beruf	Ort	Organisation	Quelle
243.	Wollenberg	Josef		Bergmann	Borbeck, Freiberger Str. 18	Rote Ruhrarmee	Militärarchiv Freiburg
244.	Wolters	Heinrich			BOT		
245.	Wuff			Bergmann	BOT, Schützenstraße 69	Rote Ruhrarmee	Militärarchiv Freiburg
246.	Zibritzki	Friedrich K.	22	Bergmann	BOT, Querfortstr. 7		Sterberegister Nr. 627
247.	Ziemke	Hans	18	Zimmermann	BOT, Bülowstr. 7	KPD/ USPD	Strg. Nr. 583, Meldekarte
248.	Zumker	August	18		Essen-Borbeck , Satenbrockstr. 67		Sterberegister Nr. 610
249.	Unbekannter			Arbeiter			Sterberegister Nr. 769
250.	Unbekannter			Arbeiter			Sterberegister Nr.: 768
251.	Unbekannter			Arbeiter			Sterberegister Nr.: 767
252.	Unbekannter			Arbeiter			Sterberegister Nr.: 766
253.	Unbekannter			Arbeiter			Sterberegister Nr.: 765
254.	Unbekannter			Arbeiter			Sterberegister Nr.: 764
255.	Unbekannter		Alter von 25 bis 27, männlich				Sterberegister Nr. 28[8]
256.	Unbekannter,		Alter von 20 bis 22, männlich				Sterberegister Nr. 29,
257.	Unbekannter,		Alter von 24 bis 25, männlich				Sterberegister Nr. 30.

[8] Nr. 254 – 256 sind Standesamt Kirchhellen.

In den Jahrbüchern der Stadt Bottrop von 1919 bis 1933 werden 71 Gräber von Revolutionsopfern genannt. Dabei ist unklar, ob es sich um Gräber von Arbeitern handelt, die am 19. Februar 1919 vor dem Rathaus erschossen wurden, oder ob es die Gräber von sog. Märzgefallenen von 1920 sind.

Nicht alle Toten waren revolutionäre Arbeiter oder Angehörige der Roten Ruhrarmee, einer bewaffneten Organisation, die sich 1920 gegen den Militärputsch des Monarchisten Kapp gebildet hatte. Manche der Mitglieder oder Sympathisanten der USPD, KPD und SPD (MSPD) sind damals einfach ohne Gerichtsverhandlung standrechtlich erschossen worden. In dieser Zeit wurden Arbeiter z.B. einfach aus dem Ledigenheim abgeführt, erschossen und in verschiedenen Massengräbern begraben. Außer dem Massengrab auf dem Westfriedhof hat es vielleicht noch weitere gegeben.

1.2   Familie Bernhard Rogge

Bernhard Rogge gehörte zur USPD, zum Spartakusbund, dann zur KPD und zur Roten Ruhrarmee. Er hatte durch seine Reden die Arbeiter auf der Zeche Prosper begeistert und kandidierte am 9. März 1919 auf dem Wahlvorschlag der USPD Bottrop[6] für die Gemeindevertretung. Bernhard Rogge war mit dem Revolutionär Alois Fulneczek befreundet. Nach einer Denunziation durch Nachbarn wurde Rogge in seiner Wohnung von drei Soldaten des Freikorps Löwenfeld am 5. April 1920 erschossen. Der Ermordete bekam von einem Offizier einen Kopfschuss, als er schon tot am Boden lag. Als sein Sohn Alfons die Soldaten beschimpfte, sollte auch er in einem Wald erschossen werden. Nur durch die Bitten der Mutter und seiner Geschwister wurde er wieder freigelassen. Als 16 Jahre alter Lehrling auf der Zeche Jacobi hatte er mit den Auseinandersetzungen auch nichts zu tun gehabt. Solche Erschießungen hat es mehrere gegeben.

Später wurde Bernhards Sohn Alfons Mitglied der KPD und war einige Zeit Kassierer der Partei in Bottrop. Bernhard Rogges Ehefrau Gertrud war katholisch und ging jeden Sonntag zur Kirche. Weil ihr Mann Kommunist gewesen war, hat sich niemand beim Beten neben sie gesetzt. Lange Zeit wurde die Familie ausgegrenzt[7]

---

6 Bekanntmachung betreffend Wahlvorschlagen zur Wahl zur Gemeindevertretung am 9. März 1919

7 Interview Sahin Aydın mit Günter Schürmann, Bottrop 20.02.2016.

Kurze Biografie von Bernhard Rogge:

Johann Bernhard Rogge wurde am 07.10.1870 in Klein Reken/Kreis Borken in Westfalen geboren. Sein Vater war Johann Bernd Rogge genannt Heilken und seine Mutter war Anna Catharina Dersen. Der Vater war von Beruf Weber. Bernhard hatte acht Geschwister. Als Jugendlicher ist er aus Klein Reken nach Bottrop umgezogen. Dort hat am 03.09.01 in Bottrop Gertrud Scholkemper geheiratet. Sie hatten vier Kinder.

Fotos: Şahin Aydın

Bernhard Rogge,   Foto: Sammlung Günter Schürmann

Foto Privatbesitz Familie Rogge: Von links nach rechts: Hedwig Rogge (Tochter), Ehefrau Getrud Rogge geborene Scholkemper, Marie Rogge (Tochter), Clemens Rogge (Sohn), Johann Bernhard Rogge, Alfons Rogge (Sohn/Gründer der Steinmetzfirma Rogge in Bottrop).

Es sind noch weitere Hausdurchsuchungen gemacht worden. Familien wurden verfolgt und versteckten sich aus Angst in den Wäldern wie die Familien Biskup, Michalik, Blazek, Windjack, Blanitz, Woitak und Sklapka, die am Nordring 173,176 und 177 wohnten.

1. 3 Erschießungen in Bottrop

Ein Teil der unglaublichen Gewalttaten der Reichswehr und Freikorps wurde ein Jahr später in einem Buch des Hagener USP-Politikers Josef Ernst beschrieben: „Auf der Gladbecker Straße zog man zwei Mann gewaltsam in ein Polizeiauto hinein und erschlug sie buchstäblich. Die Reichswehr brachte vier Gefangene von Kirchhellen mit, auch diese wurden bei der Apotheke buchstäblich erschlagen. Ein Mann namens Finke[8], der nie an den Kämpfen beteiligt war, wurde erschossen. Ein gewisser Fritz Oleink[9] wurde ohne Vernehmung, ohne Urteil, an die Wand gestellt und erschossen. Ein Zentrumsanhänger namens Rose[10] wurde irrtümlicherweise an Stelle eines Baricke ergriffen und erschossen. Nach Feststellung des Irrtums, verhaftete man den richtigen Baricke[11], misshandelte ihn schwer und erschoss ihn. Alles ohne Untersuchung und Urteil. ... Ein Bergarbeiter namens Stabla[12], der bei Einführung der Zwangsüberschichten Differenzen mit dem Betriebsführer der Zeche Arenberg-Fortsetzung hatte, aber am Kampf selbst nie beteiligt war, wurde verhaftet und ohne Verhör erschossen. Der Bergmann Soyka[13] wurde in Gegenwart seiner Frau erschossen. Ein Mann, der durch die Liebknechtstraße in Matrosenkleidung

---

8 Wilhelm Finke, Opfer Nr. 49.
9 Franz Oleynik, Opfer Nr. 146.
10 Heinrich Rose, Opfer Nr. 176.
11 Boricke, Opfer Nr. 23 oder Bruno Boruke, Opfer Nr. 19.
12 Franz Stabler, Opfer Nr. 208.
13 Alois Soyka, Opfer Nr. 207 oder Josef Soykai, Opfer Nr. 207.

ging, wurde auf Grund seiner Kleidung verhaftet und sofort erschossen. ... Die Schwester eines Kommunisten wurde verhaftet und in der Zelle von einigen Reichswehrsoldaten vergewaltigt ...

Ein Augenzeuge berichtet, dass er in der Leichenhalle des Marienhospitals eine große Anzahl Zivilisten mit zertrümmertem Schädel liegen sah[14].

Verhaftete Arbeiter in Bottrop

Foto Quelle: Aktionseinheit contra Kapp-Pusch, Autoren: Erwin Könnemmann & Hans Joachim Krusch, Seite 344, Ditz Verlag Berlin 1972

---

14 Josef Ernst: Kapp-Tage im Industriegebiet, Hagen 1921, S. 66.

Reiswehrsoldaten oben, niedergemetzelte Kämpfer der Roten Armee unten, bei Dinslaken [15]

Dabei hatten im März 1920 die Parteien SPD, USPD und KPD im Ruhrgebiet gegen den monarchistischen

---

[15] Die Rote Ruhrarmee März 1920, Edition Phototheke XI, , S. 30, Verlag in Kreuzberg 1985.

Kapp-Putsch zunächst zusammen gehandelt. In einem gemeinsamen Aufruf hieße es:

An die gesamte Arbeiter-, Angestellten,- Beamtenschaft von

Rheinland und Westfalen!

Nachdem durch einen vorläufig gelungenen Putsch in Berlin es der Reaktion gelungen ist, eine gegenrevolutionäre Regierung aufzurichten, verpflichten sich die sozialistischen Parteien des Bezirks Niederrhein, gegen die neugebildete Kapp-Regierung mit allen Kräften den Kampf entschlossen aufzunehmen.

Der einheitliche Kampf ist zu führen mit dem Ziele:

1. Erringung der politischen Macht durch die Diktatur des Proletariats bis zum Siege des Sozialismus auf der Grundlage des Rätesystems.

2. Sofortige Sozialisierung der dazu reifen Betriebe.

Um dieses Ziel zu erreichen, rufen die unterzeichneten sozialistischen Parteien alle Arbeiter, Beamten und Angestellten auf, am Montag, dem 15. März, geschlossen in den Generalstreik zu treten. Die Eisenbahner werden aufgefordert, jede Beförderung von Truppen und Munition strikt abzulehnen. Die Lebensmittelbeförderung ist unter Kontrolle aufrechtzuerhalten.

Auf zum Kampf gegen die Reaktion !

Es lebe der Sieg des Proletariats!

Bezirksvorstand der Sozialdemokratischen Partei

Unabhängige Sozialdemokratische Partei

Kommunistische Partei [16]

---

[16] Josef Bucksteeg: Roter Terror und weißer Schrecken, Bottrop 2001, S. 77.

1.4   Beschreibung der Grabanlage

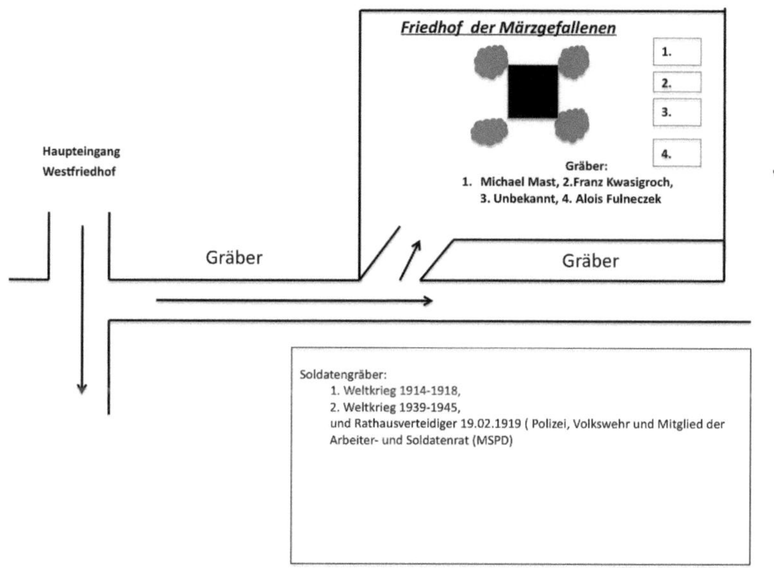

Fotos: Şahin Aydın

Jeden März gedenken DKP und PDS jetzt DIE LINKE
der ermordeten Revolutionäre. Früher veranstaltete die
KPD Gedenkfeiern.

Foto: Şahin Aydın

Ratsfrau Irmgard Bobrzik (DKP) hält am 2. April 2016
auf dem Westfriedhof in Bottrop eine Rede während
der   Gedenkveranstaltung am Jahrestag des Ruhr-
kampfes. Gemeinsamer Kranz von DKP und früher
PDS jetzt DIE LINKE .

Fotos: Şahin Aydın

1.　　　　2.　　　　3.　　　　4.

Die Grabanlage auf dem Westfriedhof mit dem Quader ist nicht nur den Märzgefallenen von 1920 gewidmet. Dort sind auch Opfer von 1919 und des Nationalsozialistischen Terrors begraben.

Steht man vom Zugang aus gesehen vor dem Viereckstein,dann befinden sich auf der rechten Seite vier Gräber (Von rechts nach links):

 Das 1. Grab ist das von Michael Mast.

 Das 2. Grab ist von Andreas Franz Kwasigroch.

Beide waren Mitglieder der KPD Bottrop und Widerstandskämpfer gegen die NS-Diktatur.

Das 3. Grab ist ohne Namen. Bis jetzt weiß man nicht, wer dort bestattet wurde. Nachforschungen blieben bisher ergebnislos.

Das 4. Grab gehört Alois Fulneczek. Der revolutionäre Arbeiterführer wurde am 23. Februar 1919 vom Freikorps Lichtschlag ermordet. Nach langem juristischem Tauziehen wurde er im Jahre 1922 hierhin umgebettet. Der Grabstein für Alois Fulneczek wurde in Zusammenarbeit von DKP-Bottrop und Alois-Fulneczek-Haus am 29.12.2015 zu seinem 133. Geburtstag angebracht. Alois Fulneczek war Mitglied der USPD in Bottrop und gehörte auch zum Spartakusbund.

Fotos: Şahin Aydın

Am Grab von Alois Fulneczek erinnerte der Oberhausener Historiker Dr. Peter Berens an die Rolle der Arbeiterbewegung in den Jahren 1919 und 1920.

Foto: Cemal Yesil

Sahin Aydin, Leiter des Alois-Fulneczek-Hauses, am Grab von Alois Fulneczek , Westfriedhof, 29. Dezember 2015

Der Platz wurde Ende 1970 vom Garten- und Friedhofsamt Bottrop neu gestaltet und bepflanzt. Die vier Gräber wurden erhalten, die restlichen Gräber sind nicht wieder hergestellt worden. Der Stein wurde komplett geschliffen. Die Namen, die man lesen konnte, wurden unkenntlich gemacht. Vor dem Stein (Denkmal) wurde eine Platte gelegt, die den Schriftzug „Sie kämpften und starben für Frieden, Fortschritt und eine glückliche Zukunft" aufwies.

Die Originalschrift zur Kämpferisch. Also wählte man statt „ **Wir kämpften für die Freiheit des Proletariats"**, lieber eine anderen, allgemeinere Sprache, die man auf eine Tafel vor das Denkmal setze:

„ *Sie kämpfen und starben für Frieden, Fortschritt und eine glückliche Zukunft."*

Auf dem Denkmal wurden keine Namen der ermordeten Arbeiter angebracht.

Zwei Mal hatte das Grünflächen-und Friedhofsamt im
Auftrag der Stadt Bottrop einen Kostenvoranschlag bei
der Steinmetz-Firma Rogge für die Wiederherstellung
des Denkmals eingeholt. Leider ist nichts passiert.
Entweder war die Wiederherstellung politisch nicht
gewollt oder der Stadt zu teuer.

Foto: NBI (Neue Berliner Illustrierte) 21/70, DDR; Jochen Moll

Durch politischen Druck der DKP-Fraktion im Rat der
Stadt Bottrop wurden im Jahre 1985 zwei Bronzeplat-
ten vom Garten- und Friedhofsamt der Stadt Bottrop
angebracht. Die Stadtverwaltung machte sich nicht die
Mühe, die damaligen Ereignisse zu erforschen.

Die Namenliste hatte das Garten- und Friedhofsamt Bottrop aus einem Artikel in der WAZ- Bottrop vom Samstag,   02.05.1970[17] übernommen. Zu dem Artikel vom Berufsschulleiter und Oberstudiendirektor Dr. Krampe gehörte auch eine amtliche Totenliste von Arbeiter, die zwischen dem 3. und 5. April 1920 ermordet worden waren.

Foto: Şahin Aydın

Dr. Krampe hatte die Namen nicht überprüft und auch nicht über die Toten geforscht. Er erwähnte auch nicht die fünf Reichwehrsoldaten auf der amtlichen Totenliste. Es ist festzustellen, dass nicht alle der unten genannten Namen auf dem Denkmal standen. Es war für revolutionäre Arbeiter errichtet, die zur USPD, KPD, zur Gewerkschaft Union der Hand- und Kopfarbeiter und zur Roten Ruhrarmee gehörten.

Die unten stehenden Namen sind auf zwei Bronzeplatte angebracht:

---

[17] Westdeutsche Allgemeine Zeitung- Bottrop, o. Jg.; Nr. 49, Essen 02.05.1970, S. 4.

1.   Wilhelm Niemann (Korrektur von mir: Wilhelm Riemann)

2.   Heinrich Riemann

3.   Franz Olenik

4.   Josef Soyka

5.   Franz Perk

6.   Adolf Weber

7.   Willy Schulz

8.   Johann Wilhelm

9.   Wilhelm Finke

10. Karl Kunke

11.   Johann Suchodolski

12. Josef Mikoleischak

13. Gustav Heimpel

14. August Schubert

15. Franz Müller

16. Johann Gertig

17. Heinrich Kleine

18. Paul Pachur

19. Konrad Haseler

20. Heinrich Palik

21. Bernhard Rogge

22. Peter Plum

23. Fritz Kerschon

24. Johann Marzinkowski

25. Viktor Dudek

26. Paul Frybischi

27. Hubert Mawe

28. Josef Reichert

29. Stanislaus Markowski

30. Hermann Hermes

31. Johann Stremmer

32. Bernard Busseer

33. Heinrich van Bracht

34. Throdor Champiel

35. Christine Heute

36. Leopol Sittek

37. Gertrud Kusenberg

38. Karl Hartmann (tatsächlich Katharina Hartmann, deren Ehemann Karl Hartmann erst Jahre später starb)

39. Alberto-Jose Lippert

40. Wladislaus Bulla

41. Ignatz Lusiak

42. Wilhelm Ordowski

43. Wilhelm-Aloys Salzmann

44. Hans Biemke

45. Friedrich Wolf

46. Adam Krokwoski

47. Albert Langenfeld

48. Peter Reinken

49. Adolf Heimann

50. Johann Wittkopp

51. Johann Mysliewsiss

52. August Junker

53. Oswald Rieder

54. Walter Steiner

55. Otto Nelle

56. Robert Millotta

1.5 Grab eines Arbeiterführers gefunden

Grab eines Arbeiterführers gefunden

Alois Fulneczek war bereits 1919 von monarchistischen Freikorpstruppen in Bottrop ermordet worden. Dazu aus der WAZ: „Das Alois-Fulneczek-Haus und die Deutsche Kommunistische Partei (DKP) in Bottrop rufen zu einer Spendenaktion für einen Gedenkstein auf dem Grab von Alois Fulneczek auf. Er war am 23. Februar 1919 vom Freikorps „Lichtschlag" im Bottroper Gefängnis ermordet worden. Dem Hobbyhistoriker Sahin Aydin ist es nun gelungen, das Grab ausfindig zu machen. Es ist jedoch unmarkiert. Aydin hat nun eine Broschüre über das Leben des Bottroper Revolutionärs Alois Fulneczek vorgelegt. Fulneczek, der aus Pyschcz im Kreis Ratibor stammt, arbeitete seit 1907 als Bergmann in Bottrop auf der Zeche Prosper und gründete eine Familie. Ob er vor 1918 bereits politisch aktiv war, ist unbekannt. Wenige Tage nach Beginn der November-Revolution bildete sich am 10. November 1918 auch in Bottrop ein Arbeiter- und Soldatenrat. ´Aydin zeigt die Radikalisierung der Arbeiter auf´, bewertet der Historiker Peter Berens die Broschüre des Bottropers. Danach erschien den Gemäßigten die Zunahme des Radikalismus so bedrohlich, dass sie die fünf USPD- und KAP-Vertreter und die beiden der Polenpartei aus dem Arbeiter- und Soldatenrat in Bottrop ausschlossen. Ziel war die Festigung der bürgerlichen Ordnung durch Gemeinderatswahlen, die dann am 9. März 1919 der SPD sechs, der USPD vier, der Polenpartei 17, dem katholischen Zentrum 24 Sitze und drei weitere Sitze für andere bürgerliche Parteien brachten.

Doch zuvor war im Ruhrgebiet ein ausgedehnter Streik ausgebrochen, der vor allem von den Zechenbelegschaften befolgt wurde. Zwischen dem 16. und 19. Februar kam es in Bottrop zu Kämpfen zwischen bewaffneten Arbeitern und bürgerlicher Volkswehr, die besiegt wurde. Auf dem Rathaus wurde die rote Fahne gehisst. Alois Fulneczek hielt vom Rathausbalkon eine Rede.

Gegen die Streikenden und revolutionären Arbeiter wurden Reichswehrtruppen aus Münster mobilisiert, die am 23. Februar 1919 in Bottrop einmarschierten. Fulneczek, der einer der Verhandlungsführer der Arbeiter war, wurde am gleichen Tag von den Truppen verhaftet und im Rathaus von der Soldateska ermordet. An seiner Beerdigung nahm eine unüberschaubare Menge von Arbeitern teil. Der Historiker Berens: ´Es ist Sahin Aydins Verdienst, die Person des revolutionären Arbeiters Alois Fulneczek dem Vergessen entrissen zu haben`"[18] .

---

[18] Westdeutsche Allgemeine Zeitung-Bottrop, o.J., Essen 08.08.2015, S. 4.

Foto: Sennecke / Berlin

Das Bottroper Mitglied von USPD bzw. Spartakusbund
und Verhandlungsführer der revolutionären Bergarbeiter, Alois Fulneczek, wurde am 23. Februar 1919 von
Angehörigen des Freikorps Lichtschlag abgeführt und
im Gerichtsgefängnis ermordet.

Familie Fulneczek

Foto: Sammlung Şahin Aydın (Aufnahme ca. 1916)

Von links nach rechts: Sohn Edgar 9 Jahre alt, Alois Fulneczek mit Soldatenuniform vom deutschen Kaiserreich, Gertrud Fulneczek (geb. Stanjek), Sohn Arnold 8 Jahre alt, Tochter Charlotte Adelheid Anastasia 6 Jahre alt.

Teil 2 Die vierzehn Gräber der sog. „Rathausverteidiger"

Neben den Kriegsgräbern der Soldaten, die im 1. und 2. Weltkrieg umgekommen sind, finden sich auf dem Bottroper Westfriedhof die vierzehn Gräber der sog. „Rathausverteidiger", die ebenfalls bei den Kämpfen 1919 getötet worden sind.

Fotos: Şahin Aydın

2.1 Der Kampf um das Bottroper Rathaus

Kavallerie des Freikorps Lichtschlag vor Bottroper Rathaus, 23.02.1919
Foto: Sennecke/Berlin

Kavallerie des Freikorps Lichtschlag besetzt Bottrop, Anfang der Gladbecker Str., 23. Februar 1919

Die Geschichte der sog. „Vierzehn Rathausverteidiger" ist die der bürgerlich-monarchistischen Seite, gegen die die revolutionären Arbeiter gekämpft hatten[19]:

Am 19. Februar 1919 sammelten sich vor der Polizei-Hauptwache Bottrop (damals im Rathaus) die Angehörigen der Arbeiter, die am Generalstreik beteiligt gewesen und auf der Zeche Prosper I und Prosper II von der Bottroper Volkswehr festgenommen worden waren. Der revolutionäre Arbeiter

---

[19]Bottroper Volkszeitung/Osterfelder Volkszeitung, 39. Jg., Nr. 49, Bottrop 28.02.1919, S. 3;Bottroper Volkszeitung/Osterfelder Volkszeitung, 39. Jg.,Nr.163,Bottrop 02.05.1919,S. 3.

Skowroneck wurde auf Prosper I von der sozialdemokratischen Bottroper Volkswehr erschossen und es gab mehrere Verletzte. Unter den Verletzten war der Arbeiter Skupin. Unter den Gefangenen im Gefängnis der Polizei-Hauptwache/Rathaus befanden sich die vier Arbeiter Ernst Ender, Sittek, Alois Fulneczek und Banko, die Mitglieder der USPD und vom Spartakusbund waren. Im Gerichtsgefängnis waren 17 Arbeiter. Ihre Angehörigen forderten die Freilassung. Darauf wurde von der Polizei und der sozialdemokratischen Bottroper Volkswehr mit scharfen Schüssen geantwortet. Zur Mittagszeit kamen aus Städten der Umgebung revolutionäre Arbeiter zu Hilfe. Bei dem folgenden Gefecht kamen 72 Arbeiter und 14 Polizisten bzw. Angehörige der Volkswehr, die der Polizei und Gendarmerie unterstellt war, ums Leben. Unter den 14 Toten auf staatlicher Seite waren·

Polizeiwachmeister:
01. Karl Hermann Jandt
02. August Balthasar
03. Heinrich Keienburg

Gendarmeriewachtmeister:
04. Friedrich Hundt

Hilfspolizeibeamter:
05. Johann Kamps

Bottroper Volkswehr (Sicherheitsleute)

06. Alfred Böhm
07. Paul Freitag
08. August Huck
09. Josef Moschner
10. Emil Pletz
11. Karl Jona
12. Ignatz Thelen
13. Werner Johannes Ehler (er kam aus Düsseldorf und wurde dort beerdigt).
14. Hermann Werner, Mitglied im Arbeiter- und Soldaten-Rat Bottrop (geführt von der MSPD).
15. Hermann Winter

Hermann Winter, Mitglied der Volkswehr auf der Zeche Prosper, wurde nicht am 19. Februar 1919 vor der Polizei-Hauptwache in Bottrop erschossen, sondern war am 17. Februar 1919 bei einer Schießerei zwischen streikenden revolutionären Arbeitern und der Sicherheitswehr (Bottroper Volkswehr) ums Leben gekommen. Dabei waren auch zwei Tote auf Seiten der Arbeiter zu verzeichnen gewesen. Hermann Winter wurde mit den sog. „Rathausverteidigern" zusammen beerdigt. Weil die vierzehn in Kriegsgräbern/Soldatengräbern liegen, werden sie am „Volkstrauertag" mitgeehrt u. a. vom Volksbund Deutsche Kriegsgräberfürsorge. Auch das Bottroper Stadtoberhaupt ehrt die Kriegsgräber einschließlich der sog.

„Rathausverteidiger" mit Kränzen. Den ermordeten Bottroper Arbeitern wird nicht offiziell gedacht. Das übernehmen DKP und DIE LINKE

Das Foto zeigt Mitglieder der sozialdemokratischen Bottroper Volkswehr.

Foto: Sammlung Josef Bucksteeg-Bottrop

2.2 Ordnung des Trauerzuges anlässlich der Beerdigung der sog. vierzehn „Rathausverteidiger"

Im Bottroper Stadtarchiv findet sich ein Zeitungsartikel über die Beerdigung der sog. „Rathausverteidiger" im Jahr 1919:

01. Abordnung des Westfälischen Freiwilligen Korps Lichtschlag

02. Verein für Handel und Gewerbe und Kathol. Kaufm. Verein

03. Christliche Gewerkschaften

04. Eisenbahnbeamten und Arbeiterverein

05. Unabhängige Sozialdemokratische Partei Deutschlands (USPD)

06. Einkaufsverein Bottroper Lebensmittelhändler

07. Jünglingsverein Herz-Jesu

08. Postbeamten- und Postunterbeamtenverein

09. Handwerksmeisterverein

10. Katholischer Gesellenverein

11. Knappen- und Arbeiterverein Herz-Jesu

12. Frei Gewerkschaften und SPD (MSPD)

13. Kriegsverein Bottrop

14. Möhrischer Arbeiterverein Herz-Jesu

15. Knappen und Arbeiterverein St. Cyriakus

16. Marien. Arbeiterkongregation Cyriakus-Pfarre

17. Freiwillige Sanitätskolonne

18. Jünglingsverein Cyriakus

19. Marien. Arbeiter-Kongregation Herz-Jesu

20. Gesangverein „Einigkeit"

21. Männerquartett Bottrop

22. Herz-Jesu-Kirchenchor

23. Kirchenchor St. Cyriakus

24. Kriegerbund Bottrop

Nach den Trauerwagen:
Die evangelische Geistlichkeit,
Vertreter der Behörden,
Gemeindevertretung,
Arbeiter- und Soldatenrat (dominiert von MSPD),
Die Amts- und Gemeindebeamten[20].
Später bildete sich eine Vereinigung, die sich „Die Vereinigung der Rathausbeschädigten und Hinterbliebenen" nannte. Sie organisierte mit der Deutschen Kriegsgräberfürsorge Gedenktage oder Veranstaltungen.

Die Teilnahme der USPD an dem Trauermarsch für die sog. „Rathausverteidiger" wurde von vielen Arbeitern in der damaligen Zeit als Verrat an den Revolutionären angesehen, die vor dem Rathaus umgekommen waren. Für sie war unvorstellbar, mit Angehörigen des reaktionären Freikorps Lichtschlag, die im Ruhrgebiet hunderte Arbeiter ermordet hatten, gemeinsam zu trauern.

---

[20] Bottroper Volkszeitung/Osterfelder Volkszeitung, 39.Jg.,Nr. 47,Bottrop 26.02.1919, S. 3.

2.3 Die Ereignisse aus Sicht des Bürgertums

Stellvertretend für die herrschende bürgerliche Sichtweise und Geschichtsschreibung steht folgender Artikel:

„Heute vor 50 Jahren: Spartakisten mordeten 14 Rathausverteidiger

Drei Tage besetzt – Heute Kranzniederlegung „... Oberbürgermeister Ernst Wilzcok wird heute um 11 Uhr auf dem Westfriedhof (wie alljährlich) einen Kranz niederlegen an dem Ehrenmal, das zu Ehren der Polizisten und Angehörigen des Sicherheitsdienstes errichtet worden ist, die heute vor 50 Jahren im Rahmen der Spartakusunruhen beim Sturm auf das Rathaus in Bottrop von den Aufständischen in gemeinster und brutalster Weise gemordet worden sind. Die Stadt Bottrop hat die Angehörigen der Männer, die in treuer Pflichterfüllung im Sinne der gerade erst gewonnenen demokratischen Freiheit ihr Leben hingaben, zu der Gedenkfeier eingeladen. Als Verteidiger demokratischer Freiheit wurden von Kommunisten ermordet: August Balthasar, Alfred Böhm, Paul Freitag, August Huck, Friedrich Hundt, Karl Jandt, Karl Jona, Johann Kamps, Heinrich Keienburg,

Josef Moschner, Emil Pletz, Ignatz Thelen, Hermann Werner, Hermann Winter[21]*."*

Diese arbeiterfeindliche Sichtweise unterscheidet sich kaum von der des Nationalsozialismus. Am 20. Februar 1934 hatte die nationalsozialistische Bottroper Volkszeitung auf eine Rede des Oberbürgermeisters Irrgang hingewiesen. Irrgang hatte die revolutionären Arbeiter als vom Ausland aufgehetzt dargestellt, denen sich die *„tapferen Rathausverteidiger"* entgegengestellt hätten [22].

Auf dem Soldatenfriedhof (Westfriedhof) liegen junge Männer, die von der Monarchie bzw. dem Nationalsozialismus als Soldaten in den Tod geschickt wurden. Einige Zivilisten wurden Opfer von Bombenangriffen. Im Unterschied zu ihnen hatten sich die „Rathausverteidiger" bewusst auf die Seiten der Herrschenden gegen die revolutionären Arbeiter gestellt. Auch steht immer noch aus, Straßen nach Alois Fulneczek, Michael Mast und Franz Kwasigroch zu benennen.

---

[21] Westdeutsche Allgemeine Zeitung, o. Jg., Nr.42, Essen 19.02.1969, S. 11.
[22] Volkszeitung, o. Jg., Nr.: 49, Bottrop 20.02.1934, S. 3.

Bewaffnete Posten der Roten Armee am Eingang eines
Industriegeländes[23]

Verkehrspatrouille der Roten Armee in Dortmund

---

[23] Die Rote Ruhrarmee März 1920, Edition Photothek XI, , Seite 9, 30, Verlag in
Kreuzberg 1985.

Damaliger Haupteingang zur Haupt-Polizeiwache Bottrop im Rathaus. Im Keller des Bottroper Rathauses befinden sich heute noch 10 Gefängniszellen.

Aufgenommen ca. 1925, Foto: Georg Lüker-Bottrop
Quelle Stadtarchiv Bottrop, B 314

Rathaus, Rückseite,   Foto: Şahin Aydın

Fotos: Şahin Aydın

Die Zellen dienen jetzt als Archiv.

Teil 3 Im Widerstand gegen den Nationalsozialismus
3.1 Über Michael Mast, Franz und Maria Kwasigroch

Neben den Ermordeten von 1920 und 1919 sind auch Opfer des Nationalsozialismus bei der Grabanlage bestattet:

Michael Mast wurde am 23. Juli 1891 in Wilhelmsdorf, Kreis Ortelsburg geboren. Er wohnte zuletzt in Bottrop, Möddericher Straße 32. Nach dem Besuch der Volksschule arbeitete Michael Mast vor dem Ersten Weltkrieg in einer Ziegelei, wurde als Kriegsteilnehmer mit dem Eisernen Kreuz II. Klasse sowie dem Ehrenkreuz für Frontkämpfer ausgezeichnet. Nach dem Ersten Weltkrieg arbeitete er kurze Zeit als Hilfsgendarm, dann bis 1930 als Grubenarbeiter. Nachdem er eine Zeit lang arbeitslos gewesen war, wurde er Hilfsarbeiter, später Bergmann.

„Der KPD schloss sich der vierfache Familienvater 1931 an, wurde Kassierer der kommunistischen Erwerbslosenbewegung und wurde wie Franz Kwasigroch im Frühjahr 1933 inhaftiert und bis zum April 1934 eingesperrt. Beide gehörten auch nach ihrer Haftzeit auf den örtlichen Zechen zu den aktivsten Köpfen der kommunistischen Opposition." Am 2. Februar 1943 verhaftete die Gestapo in Bottrop u. a. Michael Mast und Franz Kwasigroch. In dem Urteil vom 12.8.1944 heißt es: „Die Angeklagten (...) haben den Wiederaufbau der kommunistischen Organisation in Bottrop vorbereitet und dadurch den Feind begünstigt. (...) Kwasigroch und Mast haben sich als aktive Kommunisten im Existenzkampf unseres Volkes auf die Seite des Bolschewismus, unseres ärgsten Feindes, gestellt. (...) Das Schutzbedürfnis unseres Volkes gebietet die Ausmerzung dieser Angeklagten. Dementsprechend ist gegen Kwasigroch und Mast auf die Todesstrafe und dauernden Ehrverlust erkannt worden."

Trotz eindringlicher Appelle der Familienangehörigen wurde das Urteil vollstreckt. Michael Mast und Franz Kwasigroch wurden am 22. September 1944 in der Untersuchungshaftanstalt Dortmund hingerichtet.

Michael Mast schrieb an diesem Tag seiner Frau Martha noch einen letzten Brief:
„Meine liebste Frau und meine lieben Kinderchen! Es ist der letzte Brief und mein letzter Gruß. Ab heute scheide ich von Euch für immer. Bitte mir nicht für übel nehmen, dass ich Euch auf solche Weise verlassen werde. (...) Versucht mich zu vergessen, so wird Euch das Leben nicht so schwer sein.

Renatchen, meine liebste Tochter, Dein Wunsch, Vati nochmal zu sehen, ist Dir nicht vergönnt. So lebe wohl, im Geiste bin ich bei Dir. Bitte meine Sachen von hier abholen. Nun lebt wohl und seit tausendmal gegrüßt von Eurem unglücklichen Mann und Vater." [24]

In der Nachkriegszeit entschloss sich die Stadt Bottrop, der Hingerichteten zu gedenken, die nach Bottrop überführt und hier beigesetzt wurden. Vor der Bestattung waren ihre Särge im hiesigen Rathaus aufgebahrt, um der Bevölkerung eine öffentliche Anteilnahme zu ermöglichen – eine Gelegenheit, die zahlreiche Bottroper auch wahrnahmen.

Franz Kwasigroch (geboren am 19. November 1881) arbeitete nach dem Besuch der Volksschule zunächst in der Landwirtschaft. Er kam 1904 nach Essen, wo er von nun an im Bergbau arbeitete. Zunächst auf der Zeche „Zollverein" beschäftigt, verdiente er anschließend auf der Bottroper Zeche „Rheinbaben" seinen Lohn. Zwischen 1930 und 1939 erwerbslos, nahm er schließlich eine Tätigkeit als Bauarbeiter im Bottroper Unternehmen „Bremer" auf.

Ohne ihr eingeschriebenes Mitglied zu sein, stand Franz Kwasigroch vor 1933 der KPD nahe und gehörte

---

[24] Jörg Lesczenski: „Ab heute scheide ich von euch für immer". Widerstand und Resistenz in Bottrop 1933-1945, Bottrop 2005, S. 74 f. (im Folgenden: Lesczenski, Widerstand, Seite 65).

der „Revolutionären Gewerkschaftsopposition" und dem Betriebsrat auf „Rheinbaben" an. Nach der Machtübergabe an die Nationalsozialisten wurde er im März 1933 zunächst für neun Wochen in Schutzhaft genommen. Zwei Monate später griffen die Verfolgungsbehörden erneut zu und sperrten ihn bis zum 17. Dezember in der Haftanstalt Brauweiler ein.

Während des Zweiten Weltkriegs gehörte Franz Kwasigroch (wie auch die Bottroper Michael Mast und Karl Piorr) der von Wilhelm Knöchel und Willi Seng geführten „Knöchel-Organisation" an, die beabsichtigte, die kommunistische Partei neu aufzubauen, sowie die Bevölkerung über die Stimmung in der Arbeiterschaft, über die wahre Kriegslage und über die Gewaltverbrechen des NS-Staats mit Hilfe von Flugschriften aufzuklären.

Am 2. Februar 1943 griff die Gestapo in Bottrop zu und verhaftete Franz Kwasigroch, der am 12. August 1944 (zusammen mit Michael Mast) zum Tode verurteilt wurde, da er sich „als aktiver Kommunist im Existenzkampf unseres Volkes auf die Seite des Bolschewismus, unseres ärgsten Feindes", gestellt habe und „der Heimat und der kämpfenden Front [...] heimtückisch und hochgefährlich in den Rücken gefallen"[25] sei. Der nationalsozialistische Unrechtsstaat vollstreckte das Todesurteil am 22. September 1944 in Dortmund.

---

[25] Lesczenski, Widerstand, S. 68.

Auch Ehefrau Marianne (Maria) war in der Weimarer Zeit und während der Nazi-Diktatur politische aktiv. Sie kandierte am 9. März 1919 auf dem Wahlvorschlag der USPD Bottrop zur Gemeindevertretung.

Marianne (Maria), geborene Ossowitzki, kam am 24.03.1886 im westpreußischen Bladau /Kreis Tuchel auf die Welt. In ihrer Jugend arbeitete sie auf einem Bauernhof. Am 19.01.1907 heiratete sie Andreas Franz Kwasigroch in Petznik . Nach der Eheschließung siedelten sie in das Ruhrgebiet über. Wie ihr Ehemann stand auch Maria vor der Machtübertragung an Hitler der KPD nahe und engagierte sich nach dem Ausbruch des Zweiten Weltkriegs gleichfalls in der „Knöchel-Organisation".

Maria Kwasigroch wurde am 5. Februar 1943 „wegen Verdachts der Vorbereitung zum Hochverrat festgenommen", da „sie mit dem illegalen Funktionär Seng in Verbindung" gestanden „und von ihm illegale Hetzschriften erhalten und weiter verbreitet" habe. Über ihre politische Arbeit in den Kriegsjahren heißt es in der Anklageschrift vom 2. Mai 1944: „Ende 1941 oder Anfang 1942 lief in ihrer Wohnung der Funktionär Seng an [...]. In ihrer Gegenwart hat Seng über den Wiederaufbau der illegalen KPD gesprochen und ihren Mann zur Mitarbeit aufgefordert. [...] In Abständen von vier bis sechs Wochen erschien Seng weitere fün bis sechsmal in ihrer Wohnung, brachte kommunistische Flugblätter [mit] und ließ sie auf dem Tisch liegen. [...] Von diesen Flugblättern, die Seng mit in ihre Wohnung brachte, hat auch die Angeschuldigte verschiedene gelesen. Sie gab Seng in ihrer Wohnung verschiedentlich Kaffee zu trinken"[26].

Das Oberlandesgericht in Hamm verurteilte Maria Kwasigroch zu einer Zuchthausstrafe von 15 Jahren, die ihr größtenteils erspart blieb. Der Vormarsch der Alliierten und das nahende Kriegsende beendeten ihre Leidenszeit. Maria Kwasigroch lebte nach dem Kriegsende zunächst in Castrop-Rauxel, wohnte seit dem 22. August 1951 wieder in Bottrop und verstarb am 24. April 1952.

---

[26] Lesczenski, Widerstand, S. 186 f.

Teil 4 Die ursprüngliche Grabanlage
1 Der Quader

Das Original der ursprünglichen Grabanlage war ein viereckiger, 1,5 Meter hoher und ein Meter dicker Quader. Er trug die in Stein gehauene Darstellung einer Jakobinermütze der Französischen Revolution, als Zeichen der Arbeit Radkranz und Werkzeug und zur Verbindung mit dem Landproletariat einen Ährenstrauß. Vor Kopf befand sich ein Sowjetstern. Offensichtlich wollte man mit der zusammengestellten Symbolik einen Traditionsbogen von der französischen Revolution zur Oktoberrevolution, von der Arbeiterbewegung zum Landproletariat ziehen. An drei Seiten des Denkmals wurden die Namen der 127 revolutionären Arbeiter eingemeißelt[27]. Unter den eingravierten Namen stand auch der von Alois Fulneczek [28], der 1922 hierhin umgebettet wurde.

Vor dem Kopf des Denkmals befand sich ein Sowjetstern und unten stand folgender Text:

„Wir kämpften für die Freiheit des Proletariats"

Darunter war eine brennende, auf den Kopf gestellte Fackel als Symbol des Todesschlafes zu sehen.

---

[27] NBI (Neue Berliner Illustrierte) Seite 18, 21/70, DDR
[28] Interview Sahin Aydın mit Frau Gerda Krahl, Bottrop 18.03.2014.

Das Denkmal wurde am 30.04.1922 eingeweiht. Für die Kosten wurden von KPD und der radikalen Bergarbtergewerkschaft Union der Hand- und Kopfarbeiter 6.000 Reichsmark gesammelt. Der städtische Friedhofsausschuss hatte vorgeschlagen, die
Kosten zu übernehmen, wenn auf Jakobinermütze und Sowjetstern verzichtet würden.

Darauf gingen KPD und Union nicht ein. 1929 wurde die Urne des ehemaligen Bottroper KPD-Vorsitzender Kilian Schier vor dem Stein eingelassen.

Foto: Sammlung Sahin Aydin

Aufstellung des kommunistischen Denkmals auf dem Westfriedhof.

Wir berichteten vor einigen Wochen über die beabsichtigte Aufstellung eines Revolutionsdenkmals auf dem Westfriedhof. Das Denkmal ist nun inzwischen fertiggestellt und soll Sonntag im Anschluß an eine Gedenkfeier für die Märzgefallenen enthüllt werden. Es besteht aus einem etwa 1½ Meter hohen und 1 Meter dicken Sockel der an der Stirnseite eine Fackel trägt, rechts und links von ihr sind die Namen der Märzgefallenen eingemeißelt, diese krönt die Aufschrift: „Sie starben für die Freiheit des Proletariats." Auf dem Sockel befindet sich als Symbol ein Büschel Aehren, Schlägel und Eisen und ein Zahnrad. Das Ganze wird gekrönt von der Jakobinermütze. Wie wir hören, sind die Mittel für die Errichtung des Denkmals von den Kommunisten und Unionisten durch Sammlungen aufgebracht worden. Auf einen städtischen Zuschuß habe man verzichtet, weil der Friedhofsausschuß an den Revolutionszeichen (Jakobinermütze und Sowjetstern) Anstoß nahm und die Gewährung des Zuschusses von dem Fortfall dieser Abzeichen abhängig gemacht hatte. Der Sowjetstern ist nun an dem Denkmal fortgefallen. Einige andere Abänderungen, die der Friedhofsausschuß noch gewünscht hatte, konnten nicht mehr vorgenommen werden, da das Denkmal schon fertiggestellt war. Das Denkmal soll auf dem Teil des Westfriedhofes, auf dem die Märzgefallenen beigesetzt sind, seine Aufstellung finden.

Bottroper Volkszeitung, 42. Jg, Nr. 98, Bottrop 28.04.1922, S. 6.

Ein Revolutionsdenkmal.

Die Bottroper Kommunisten hatten vor längerer Zeit beschlossen, den auf dem hiesigen Westfriedhof ruhenden Märzgefallenen ein Denkmal zu setzen. Mit dem von der Stadt errichteten Denkmal für sämtliche Kriegs= und Revolutionsopfer waren sie bekanntlich nicht einverstanden. So haben sie jetzt einen hiesigen Bildhauer mit der Schaffung eines besonderen Denkmals beauftragt. Seit einigen Tagen ist es fertiggestellt, und auf der Neustraße ausgestellt. Es zeigt die kommunistischen Abzeichen, große Jakobinermütze mit Sowjetstern.

Bottroper Volkszeitung, 42. Jg., Nr. 72, Bottrop 27.03.1922, S. 5.

Enthüllung des Revolutionsdenkmals.

Unter strömendem Regen wurde Sonntag nachmittag auf dem Westfriedhof das Revolutionsdenkmal enthüllt. Eine ziemliche Anzahl von Parteiangehörigen, darunter viele Kommunisten von auswärts, bewegten sich in geschlossenem Zuge dorthin. In dem Zuge wurden etwa 13 Fahnen, meistens von auswärtigen kommunistischen Gruppen mitgeführt. Der Enthüllungsakt war nur von kurzer Dauer. Nach einer Ansprache löste sich der Zug in Ruhe auf.

Bottroper Volkszeitung, 42. Jg., Nr. 101, Bottrop 02.05.1922, S. 5.

Angehörige der Märzgefallenen erzählen, dass es in dem Bereich der Anlage, die das Foto unten zeigt, 71 Grabsteine gegeben hat.

Foto: Şahin Aydın

Der Stein und die 71 Gräber wurden in der Nazizeit
geschändet. Die Inschriften und die Jakobinermütze
wurden entfernt.

4.2 Nachtrag

Leider ist festzustellen, dass sich vor dem und nach dem Zweiten Weltkrieg städtische Vertreter an den Gedenkfeiern der Loewenfeld-Kameradschaft – d. h. der Putschisten – an deren Denkmal auf dem Alten Kirchhellener Friedhof mit Kranzniederlegungen und Grußbotschaften beteiligt hatten. Bis heute gibt es in Kirchhellen die Löwenfeldstraße, die nach dem bekannten Putschistenführer und Mörder benannt ist.

Der Gemeinderat von Kirchhellen hat in seiner Sitzung am 05.05.1960 angeregt zu prüfen, ob zur Erinnerung an die vor 40 Jahren in Kirchhellen, Bottrop und Umgebung gefallenen Angehörigen der 3. Marine-Brigade-von-Loewenfeld, deren Gedenkstätte sich auf dem Kommunalfriedhof in Kirchhellen befindet, eine Straße mit dem Namen „Loewenfeld" bezeichnet werden soll. Der Gemeinderat beschloss einstimmig, die verlängerte Johannesstraße vom Nordring aus „Loewenfeldstraße" zu benennen.

Foto: Şahin Aydın

Denkmal von Loewenfeld

Foto: Şahin Aydın

Denkmal der Gefallenen des Sturmbattailons der 3. Marine-Brigade von
Loewenfeld auf dem Alten Kirchhellener Friedhof.

Am 22. April 1970 feierte die Marine-Kameradschaft
Bottrop ihr 60jähriges Bestehen. Die Feier fand im Kol-
pinghaus statt. Unter den Ehrengästen waren die Angehörigen der Kameradschaft 3. Marienbrigade von
Loewenfeld. Oberbürgermeister Wilczok hielt eine Rede und überbrachte die Glückwünsche der Stadt Bottrop. Die Teilnehmer gedachten gleichzeitig mit den
ehemaligen Angehörigen des 3. Marine Brigade von
Loewenfeld den vor 50 Jahren (1920) in den Kämpfen
gegen die Rote Ruhrarmee Gefallenen der Brigade in
Bottrop Kirchhellen.

Unten Fotos: Protestkundgebung gegen die Gedenkfeier der Marinebrigade Loewenfeld, vor dem Kolping-
haus Bottrop, 18. April 1970

Fotos: Jochen Moll, Berlin

Gedenkfeier der Marienebrigade Loewenfeld, Kirchhellen, 19. April 1970 (in der Nacht zuvor wurde die
Friedhofsmauer von Gegendemonstranten bemalt)

Hier ein Schreiben, das bei dem früheren Oberstadtdirektor von Bottrop, Herr Fritz Kleffner (1951 bis 1961) einging[29].

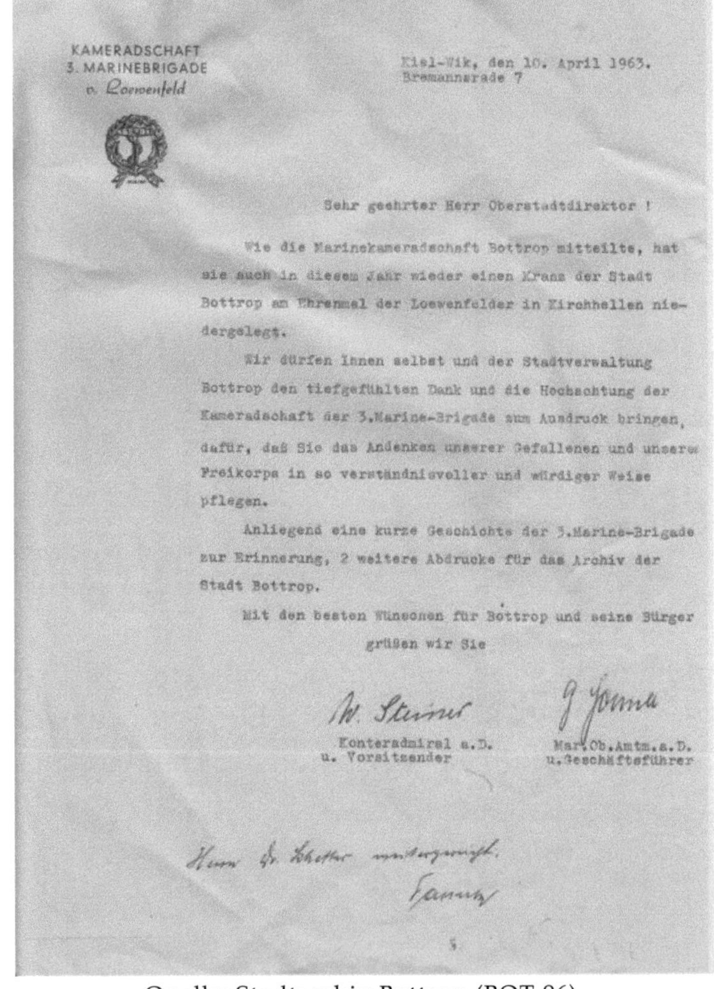

KAMERADSCHAFT
3. MARINEBRIGADE
v. Loewenfeld

Kiel-Wik, den 10. April 1963.
Bremannsrade 7

Sehr geehrter Herr Oberstadtdirektor !

Wie die Marinekameradschaft Bottrop mitteilte, hat sie auch in diesem Jahr wieder einen Kranz der Stadt Bottrop am Ehrenmal der Loewenfelder in Kirchhellen niedergelegt.

Wir dürfen Ihnen selbst und der Stadtverwaltung Bottrop den tiefgefühlten Dank und die Hochachtung der Kameradschaft der 3.Marine-Brigade zum Ausdruck bringen, dafür, daß Sie das Andenken unserer Gefallenen und unseres Freikorps in so verständnisvoller und würdiger Weise pflegen.

Anliegend eine kurze Geschichte der 3.Marine-Brigade zur Erinnerung, 2 weitere Abdrucke für das Archiv der Stadt Bottrop.

Mit den besten Wünschen für Bottrop und seine Bürger grüßen wir Sie

Konteradmiral a.D.
u. Vorsitzender

Mar.Ob.Amtm.a.D.
u.Geschäftsführer

Quelle: Stadtarchiv Bottrop (BOT 96)

---

29 Stadtarchiv Bottrop (BOT 96).

KAMERADSCHAFT
3. MARINEBRIGADE
v. Loewenfeld

                    Kiel-Wik, den 10. April 1963
                    Bremannstraße 7

Sehr geehrter Herr Oberstadtdirektor !

Wie die Marienekameradschaft Bottrop mitteilte, hat
Sie auch in diesem jahr wieder einen Kranz der Stadt Bottrop am Ehrenmal der loewenfelder in Kirchhellen niedergelegt.
Wir dürfen Ihnen selbst und der Stadtverwaltung Bottrop
den tiefgefühlten Dank und die Hochachtung der Maread-
schaft der 3. Marine-Brigade zum Ausdruck bringen, dafür,
dass Sie das Andenken unserere Gefallenen und unseres
Freikorps in so verständnisvoller und würdiger Weie pflegen.
Anliegende eine kurze Geschichte der 3. Marine-Brigade
zur Erinnerung, 2 weitere Abdrucke für das Archiv der
Stadt Bottrop.

Mit den besten Wünschen für Bottrop und seine bürger
Grüßen wir Sie

Unterschrift   Unterschrift

Konteradmiral a. D.   Mar. Ob. Amtm.a.D.
u. Vorsitender   u. Geschäftsführer

1973 stellte Heinrich Teuber fest:

„Daß die Marinebrigade Loewenfeld eine Kerntruppe der Kapp-Putschisten war, braucht nicht mehr über ihr Abzeichen, das Hakenkreuz, erschlossen zu werden, sondern ließ sich nach weiterer Quellenarbeit direkt belegen. Dabei ist hervorzuheben, dass die Loewenfelder in Breslau – eine Woche vor ihrem Einsatz im Ruhrgebiet – eine Druckerei des örtlichen SPD-Blattes in die Luft sprengten, nachdem das Blatt die Truppe als eidbrüchige Meuterer bezeichnet hatte. Die ehrende Aufmerksamkeit, die die SPD-Stadtverwaltung von Bottrop in unseren Tagen den Loewenfeldern Jahr für Jahr erwies, rückt damit in eine, sagen wir: interessante Beleuchtung!" [30].

Die Marinekameradschaft Bottrop übernahm die Patenschaft über das Ehrengrab der zu Ostern 1920 bei den Kämpfen gegen die Rote Ruhrarmee Gefallenen der 3. Marine-Brigade von Loewenfeld in Bottrop Kirchhellen auf dem Alten katholischen Friedhof in Bottrop-Kirchhellen[31].
Es gab auch eine Gegendemonstration, aufgerufen von Bottroper Antifaschisten. Den Aufruf hatten unter-

---

30 Heinrich Teuber: Für die Sozialisierung des Ruhrbergbaus, Frankfurt/M. 1973, S.123 f.

31 Lucas, Erhard, Märzrevolution 1920. Die Niederlage, Bd. 3, Frankfurt/M. 1978

schrieben: Ratsherr Heinz Czykmek, Erwin Degen, Clemens Krainhorst und Karl-Heinz Zydeck, Wolfgang Denninghaus DIE FALKEN, Herbert Dibowski (Mitglied des DGB-Kreisjugendausschusses), Franz Meischner DKP-Vorsitzender, Schulsprecher Ewald Rensing.

4.3 Für eine ruhrgebietsweite, unabhängige Historikerkommission zur Erforschung der Opfer des Kapp-Putsches

Die Ermordung von 257 ArbeiterInnen nach der Niederschlagung des Kapp-Putsches 1920 wurde bisher in Bottrop nicht aufgearbeitet. Das ist in einer Stadt, in der zu 85 Prozent ArbeiterInnen und Angestellte und ihre Familien leben, unentschuldbar. Ähnlich sieht es wahrscheinlich in anderen Städten im Ruhrgebiet mit den Opfern des Kapp-Putsches aus. Notwendig ist eine ruhrgebietsweite, geschichtliche Forschung und Aufarbeitung. Dazu sollte eine unabhängige Historikerkommission eingesetzt werden. Meine Buch ist ein Beitrag und Anstoß dafür.

Quellen:
Archivalische Quellen

Stadtarchiv Bottrop (BOT 96)
Stadtarchiv Bottrop, Sterberegister (Haupt-Register) 1920, Nr. 992 bis 1305
Bundesarchiv-Militärarchiv-Stadt Freiburg, Bestand RM 122/107

Gedruckte Quellen
Josef Ernst, Kapp-Tage im Industriegebiet, Hagen 1921

Zeitschriften
Bottroper Volkszeitung/Osterfelder Volkszeitung, 39. Jahrgang, Nr. 47, Bottrop 26.02.1919
Bottroper Volkszeitung/Osterfelder Volkszeitung, 39. Jg., Nr. 49, Bottrop 28.02.1919 Bottroper Volkszeitung/Osterfelder Volkszeitung, 39. Jg., Nr. 163, Bottrop 02.05.1919
Bottroper Volkszeitung, Nr. 71, Bottrop 07.04.1920
Volkszeitung, o. Jg., Nr.: 49, Bottrop 20.02.1934
Westdeutsche Allgemeine Zeitung-Bottrop, o. Jg., Nr. 42, Essen 19.02.1969
Westdeutsche Allgemeine Zeitung-Bottrop, o. J., Nr. 49, Essen 02.05.1970

Interviews
Interview von Şahin Aydın mit Frau Gerda Krahl, Bottrop 18.03.2014
Interview von Sahin Aydin mit Herrn Günter Schürmann, Bottrop 20.02.2016

Forschung
Aydin, Sahin: Ein Leben für die gerechte Sache. Biografischer Abriss von Alois Fulneczek (29.11.1882-23.2.1919), Bottrop 2015

Bucksteeg, Josef: Roter Terror und weißer Schrecken, Bottrop 2001

Gleising, Günter/Pfromm, Anke, Kapp-Putsch und Märzrevolution 1920, Bd. 2, Bochum 2014

Gleising, Günter/Pfromm, Anke: Kapp-Putsch und Märzrevolution 1920, Bd. 3, Bochum 2010

Herlemann, Beatrix, Auf verlorenem Posten. Kommunistischer Widerstand im Zweiten Weltkrieg. Die Knöchel-Organisation, Bonn 1986

Lesczenski, Jörg: „Ab heute scheide ich von euch für immer". Widerstand und Resistenz in Bottrop 1933-1945, Bottrop 2005

Lucas, Erhard, Märzrevolution 1920. Die Niederlage, Bd. 3, Frankfurt/M. 1978

Peukert, Detlev J. : Die KPD im Widerstand. Verfolgung und Untergrundarbeit an Rhein und Ruhr 1933 bis 1945, Wuppertal 1980

Siepmann, Wolfgang, Loseblattsammlung zur Geschichte der Bottroper Friedhöfe, Bottrop o. D.

Spethmann, Hans, Zwölf Jahre Ruhrbergbau. Aufstand und Ausstand vor und nach dem Kapp-Putsch bis zur Ruhrbesetzung, Bd. 2, Berlin 1928

Teuber, Heinrich, Für die Sozialisierung des Ruhrbergbaus, Frankfurt/M. 1973

Ich, Sahin Aydin, ein Bottroper Bürger, engagiere mich dafür, dass das Denkmal, welches in der NS-Diktatur zerstört wurde, wieder hergestellt wird.

Anzeige:

KULTURZENTRUM
ALOIS-FULNECZEK-HAUS
BOTTROP
Alois-Fulneczek-Haus
Alois Fulneczek Geb. am 29.11.1882, Ermordet am 23.02.1919
Mitglied der USPD / Spartakusbund Bottrop & revolutionären
„Arbeiter – und Soldatenrat-Bezirk Bottrop"

Kulturzentrum Alois-Fulneczek-Haus

Germaniastraße 74, D-46236 Bottrop

Öffnungszeiten:

Freitags von 15:00 bis 16:00 Uhr und nach

telefonischer Vereinbarung.

Mobil: 0179-4262483 / Tel.: 02041-9863288

E-Mail: sahinaydin@web.de

SOZIALBERATUNG

Jeden Freitag von 15:00 -16:00 Uhr, Wir bitten Beratung in Zusammenarbeit mit dem Rechtsanwalt Stephan Urbach aus Essen.

Beratung erfolgt in folgenden Bereichen: SGB II (Hartz IV), Asylrecht, Sozialrecht

Brüder zur Sonne zur Freiheit
Brüder zum Lichte empor
Hell aus dem dunklen Vergangen
leuchtet die Zukunft hervor
Seht wie der Zug von Millionen
endlos aus Nächtigem quillt
Bis eurer Sehnsucht Verlangen
Himmel und Nacht überschwillt
Brüder, in eins nun die Hände
Brüder, das Sterben verlacht
Ewig der Sklaverei ein Ende
Heilig die letzte Schlacht
***Während der Weimarer Republik entstand diese
beiden Strophen:***
Brechet das Joch der Tyrannen
die euch so grausam gequält
Schwenket die blutigroten Fahnen
über die Arbeiterwelt
Brüder ergreift die Gewehre
auf zur entscheidenden Schlacht
Dem Sozialismus die Ehre
Ihm sei in Zukunft die Macht

Text: von Leonid Petrowitsch Radin 1895/96 in einem
Moskauer Gefängnis gedichtet, deutsche Übersetzung
von Hermann Scherchen , dem Leiter eines Arbeiter-
chores (1918). Hermann Scherchen hatte das Lied in
russischer Gefangenschaft gehört

Quelle: https://www.volksliederarchiv.de/brueder-zur-sonne-zur-freiheit/

Akten
der
Geheimen Staatspolizei
Şahin Aydın
Zur Erinnerung an den Essener
Rechtsanwalt Dr. Rosenberg
Eine politische Biografie
tredition

ZUR ERINNERUNG AN DEN ESSENER RECHTSANWALT DR. ROSENBERG

Der Bottroper Lokalhistoriker Şahin Aydın legt mit dieser Abhandlung über den jüdischen Rechtsanwalt und Friedensaktivisten Dr. Rosenberg eine weitere Ausarbeitung seiner historischen Forschungen von vergessenen aktiven politischen Menschen aus dem Ruhrgebiet vor, die in der Zeit der Weimarer Republik und des Dritten Reiches lebten.

Die vorliegende Abhandlung ist ein Versuch und Grundstein für die Auseinandersetzung mit dem Wirken jüdischer Pazifisten und Antimilitaristen an der Basis während der Weimarer Zeit und des Dritten Reiches.

Şahin Aydın ist bei seinen Forschungen über den politischen Aktivisten in seiner Heimatstadt Gronau/ Westfalen und im Ruhrgebiet über den Bergmann Alois Fulneczek 1919 und den Ruhrkampf 1920 durch den Hinweis des früheren Oberstaatsanwalts Dr. Schmalhausen, in dessen grundlegendem Buch „Schicksale jüdischer Juristen aus Essen 1933-1945", auf Dr. Rosenberg gestoßen.

Als Mitglied der heutigen DFG-VK- Gruppe Essen hat Şahin Aydın diese Anregung zum Anlass genommen, sich mit dem Essener Rechtsanwalt und Notar Dr. Rosenberg zu beschäftigen.

Neben der vorliegenden Abhandlung hat Şahin Aydın zusammen mit der Essener DFG-VK-Gruppe die Verlegung von Stolpersteinen zum Gedenken für Dr. Rosenberg und seine Familie initiiert und durchgeführt. Er hat diese Aktion auch mit seiner Pressearbeit begleitet.

Ihm und allen, die ihn bei der vorliegenen Schrift unterstützt haben, gebührt die Dank der DFG-VK-Gruppe Essen. Sie hofft, dass er seine Forschungsarbeit weitervertieft und fortsetzt.

Verlag und Druck: tredition GmbH, Grindelallee 188, 20144 Hamburg

ISBN
Paperback (9,90 €) : 978-3-7439-8479-0
Hardcover (13,90 €) : 978-3-7439-8480-6